Karl Lehnhoff

Skat

Karl Lehnhoff

Skat

Regeln und Tipps
Für Anfänger und Fortgeschrittene
Mit Skat-Lexikon

20. Auflage

humboldt

Bibliografische Information der Deutschen Nationalbibliothek
Die Deutsche Nationalbibliothek verzeichnet diese Publikation in der Deutschen Nationalbibliografie; detaillierte bibliografische Daten sind im Internet über http://dnb.ddb.de abrufbar.

ISBN 978-3-86910-178-1 (Print)
ISBN 978-3-86910-292-4 (PDF)

Der Autor: Karl Lehnhoff gewann als passionierter Skatspieler viele Skatmeisterschaften und hat erfolgreiche Sachbücher zum Thema veröffentlicht.

Am Schluss des Bandes drucken wir mit freundlicher Genehmigung des Deutschen Skatverbandes e. V. die aktuelle Skatordnung.

20. Auflage

Die Ratgebermarke der Schlütersche Fachmedien GmbH
Hans-Böckler-Allee 7, 30173 Hannover
www.humboldt.de
buchvertrieb@schluetersche.de
www.schluetersche.de

Lektorat:	Eckhard Schwettmann, Gernsbach
Covergestaltung:	DSP Zeitgeist GmbH, Ettlingen
Innengestaltung:	akuSatz Andrea Kunkel, Stuttgart
Titelfoto:	Fotolia/Julie
Satz:	PER MEDIEN & MARKETING GmbH, Braunschweig
Druck und Bindung:	Salzland Druck GmbH & Co.KG, Staßfurt

Gedruckt mit mineralölfrei hergestellten Druckfarben und Strom aus erneuerbaren Energien. Die eingesetzten Klebe- und Bindestoffe entsprechen den derzeitigen Umweltstandards, die vom RAL Institut für Gütesicherung und Kennzeichnung geprüft wurden.

Inhalt

Lieber Skatfreund!

Sie werden im folgenden Text nicht nur alle nur erdenklichen Lernhilfen finden – Sie werden auch merken, wie bereit man ist, Sie zu unterweisen, sobald Sie sich einer gemütlichen Skatrunde beiordnen. Sicher, werden Sie auch manch ein hartes Wort zu hören bekommen, wenn Sie als Anfänger mitunter etwas falsch machen und dadurch ein Spiel verpatzen. Skatspieler sind nun einmal rau in der Sprache, aber es kommt bei ihnen alles von Herzen!

Spielen Sie, wo und wann immer sich eine Gelegenheit dazu bietet, denn allein die immer währende Übung macht den Meister. Im Grunde gelangt keiner je zur absoluten Meisterschaft. Jeder schießt mal einen Bock, und jeder sieht sich immer wieder einmal einer Spielsituation gegenüber, der er nicht gewachsen ist. Da muss er sich dann auf seine Intuition verlassen, auf das Fingerspitzengefühl, das jeder Spieler im Laufe der Zeit erwirbt. So etwas kann man natürlich aus Büchern nicht lernen. Es erwächst aus der Praxis. Also spielen Sie! Nicht nur am Skattisch, sondern auch ganz für sich, gleichsam „im stillen Kämmerlein", derart, dass Sie die Karten an sich und zwei fiktive Mitspieler verteilen, sie offen auslegen und nun – einmal in der Rolle dieses Spielers, einmal an Stelle des anderen – alle Möglichkeiten erwägen. Das macht Spaß, es ist zugleich eine unterhaltsame Art des Denksports und übt bis zur Fertigkeit.

Die Skatrunde

Wie lautet die meistgestellte Frage? „Spielen Sie Skat?“ Und das ist dann ebenso, als müsse man auf die – ebenfalls häufiger vorkommende Erkundigung, was für einen Wagen man fahre – antworten: „Gar keinen.“

In der Tat hat sich dies gesellige Spiel zu dritt sowohl in Deutschland als auch in den Vereinigten Staaten seit gut hundertfünfzig Jahren heimisch gemacht und erfreut sich einer immer noch zunehmenden Beliebtheit. Nun waren die Regeln dieses variationsreichen Kartenspiels lange Zeit hindurch sehr unbestimmt. Das hatte zur Folge, dass sich die brieflichen Fragen nach den genauen Skatregeln in Altenburg immer mehr häuften. Warum gerade in diesem kleinen mitteldeutschen Städtchen? Weil dort die Herstellung der Spielkarten blühte, sodass man annahm, wer Karten fabriziere, der müsse auch über deren Verwendung bestens informiert sein. Im Jahre 1886 trat denn auch der Erste Deutsche Skat-Kongress in Altenburg zusammen und man einigte sich auf die „Allgemeine Deutsche Skatordnung“, deren Regeln noch heute maßgeblich sind. Demgemäß hält sich auch unser Buch an diese Regeln. Drei Männer – nennen wir sie Meier, Lehmann und Krause – setzen sich zum Skatspiel zusammen. Sie nehmen diese Sitzordnung ein:

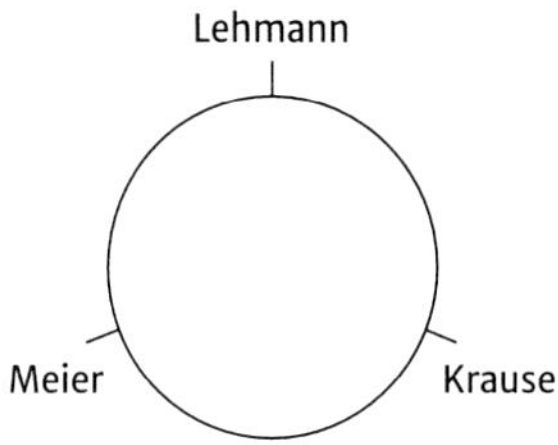

Meier, Lehmann und Krause bilden jetzt also eine Skatrunde. Meier zieht ein Paket von zweiunddreißig Spielkarten aus der Tasche. Lehmann legt einen Block zum Anschreiben der Gewinne und Verluste auf den Tisch. Krause stiftet den wohlgespitzten Bleistift.

Der Zählwert der Karten

Beim Skat rangieren die vier Farben des Kartenspiels in der folgenden Reihenfolge: Kreuz (auch „Treff" genannt, was aus dem Französischen „le trèfle = das Kleeblatt" kommt und sich auf die kleeblattähnliche Form des Kreuzmusters bezieht); Pik; Herz (oder „cœur", was ebenfalls seinen Ursprung im Französischen hat und nichts anderes als „Herz" heißt); Karo.

♣	♠	♥	♦
Kreuz (Treff)	Pik	Herz (Cœur)	Karo

Jede dieser Farben ist mit jeweils acht Karten vertreten. Diese ordnen sich folgendermaßen: Bube, Ass, Zehn, König, Dame, Neun, Acht, Sieben. Die Buben sind also die höchsten Trümpfe, die Asse die zweithöchsten und so fort. Obwohl der Bube höchster Trumpf ist, und zwar ebenfalls in der Reihenfolge Kreuz, Pik, Herz, Karo, hat er nur einen Zählwert von zwei Augen oder Punkten. **Alle vier Buben** sind Trümpfe, sodass die jeweilige Trumpffarbe nicht acht Karten umfasst, sondern elf:

Kreuz	**Pik**	**Herz**	**Karo**
Kreuz-Bube	Kreuz-Bube	Kreuz-Bube	Kreuz-Bube
Pik-Bube	Pik-Bube	Pik-Bube	Pik-Bube
Herz-Bube	Herz-Bube	Herz-Bube	Herz-Bube
Karo-Bube	Karo-Bube	Karo-Bube	Karo-Bube
Kreuz-Ass	Pik-Ass	Herz-Ass	Karo-Ass
Kreuz-Zehn	Pik-Zehn	Herz-Zehn	Karo-Zehn
Kreuz-König	Pik-König	Herz-König	Karo-König
Kreuz-Dame	Pik-Dame	Herz-Dame	Karo-Dame
Kreuz-Neun	Pik-Neun	Herz-Neun	Karo-Neun
Kreuz-Acht	Pik-Acht	Herz-Acht	Karo-Acht
Kreuz-Sieben	Pik-Sieben	Herz-Sieben	Karo-Sieben

Freilich gibt es gewisse Spiele, bei denen diese Rangordnung nicht zutrifft. Wir werden das später lernen.

Das Austeilen der Karten

Die verdeckten Karten werden auf dem Tisch auseinandergeschoben. Jeder Mitspieler zieht eine Karte. Nehmen wir an, Krause habe die Pik-Acht gezogen, Lehmann den Karo-Buben, Meier das Herz-Ass. Da die Buben über den Assen rangieren, hat Lehmann also die höchste Karte gezogen. Dadurch ist entschieden, dass er das erste Spiel gibt. Er ist in diesem Falle **Hinterhand**. Lehmann mischt nun die Karten, gibt das Päckchen an den rechts von ihm sitzenden Meier. Meier hebt ab. Nach der Skatordnung muss abgehoben werden, und zwar so, dass mehr als drei Karten liegen bleiben oder abgehoben werden. Jetzt teilt Lehmann aus. Linksherum, also im Uhrzeigersinn, geschieht das. Er gibt Krause drei Karten. Meier drei, schließlich sich selbst auch drei. Dann bekommt Krause zwei Karten, Meier zwei, Lehmann zwei. Jetzt legt Lehmann zwei verdeckte Karten, den so genannten „Skat“ in die Mitte des Spieltisches. Und wieder bekommen Krause, Meier und endlich Lehmann, der Geber, erst je drei Karten zugeteilt und dann je zwei. Manche Spieler geben auch je fünf Karten, legen zwei in den Skat und geben dann nochmals je fünf. Diese zwei Arten der Kartenverteilung sind aber beide nicht richtig.

Die Skatordnung (SkO 3.2.6, siehe S. 157) bestimmt über die Verteilung der Karten:
„Es müssen, beim linken Nachbarn beginnend, jedem Mitspielenden zunächst drei Blätter gegeben werden, dann jedem vier und im letzten Gang wieder jedem drei. Nach dem ersten Gange sind zwei Blätter – kurz Skat genannt – gesondert zu legen." Selbstverständlich geschieht dies stets mit verdeckten Karten, denn keiner darf einen Blick in die zehn Karten des Mitspielers, das so genannte „Blatt" werfen!

Vorhand, Mittelhand, Hinterhand

Wir sagten schon, dass der Geber am Dreiertisch immer Hinterhand genannt wird. Der im Uhrzeigersinn auf ihn folgende Krause ist Vorhand, Meier also Mittelhand. Die drei Spieler betrachten nun ihr Blatt, das sie sich um der besseren Übersicht willen nach Farben und in der Reihenfolge der Werte ordnen. Meist geht das so vor sich, dass sie die Buben (falls sie welche im Blatt haben) in der richtigen Reihenfolge nebeneinander stecken, alsdann – ebenfalls in der oben angegebenen Reihenfolge – die Farbenwerte. Das mag dann bei Meier so aussehen:

Kreuz-Bube, Herz-Bube, Kreuz-König, Kreuz-Acht, Pik-Ass, Pik-Zehn, Pik-Dame, Pik-Neun, Herz-König, Herz-Sieben.

Karo hat Meier überhaupt nicht. Man sagt in einem solchen Fall, er ist in dieser Farbe „renonce“ (Fehlfarbe).
Es gibt fürs Ordnen der Karten keine feststehenden Regeln, sodass manche Skatspieler ihre Karten auch kunterbunt zu einem fächerförmigen „Blatt“ zusammenstecken. Sie sind geübt genug, ihr Blatt auch in diesem Fall gut zu übersehen. Und sie tun es mit gutem Grund. Hat nämlich ein Spieler die Gewohnheit, seine Buben, die höchsten Trümpfe, immer rechts zu stecken, so werden seine Mitspieler das bald bemerken. Beobachten sie einander nun beim Ordnen der Karten, so sehen sie: „Aha, da steckt einer zwei Karten nach rechts außen. Beim Anspiel zieht er die zweite dieser Karten. Es ist der Herz-Bube. Die erste Karte muss also auch ein Bube sein, und zwar ein höherer. Also der Pik- oder Kreuz-Bube!“ Sie wissen, dass der derart beobachtete Mitspieler noch einen Buben in petto hat.
Nachdem die Karten also in der Hand geordnet sind, wird sich jeder Spieler sein Blatt genau betrachten, um festzustellen, ob er möglicherweise darauf ein Spiel riskieren kann. Hat er sich entschieden, beginnt das Reizen, über das wir uns im nächsten Abschnitt ausführlich unterhalten werden. Ehe wir dazu kommen, müssen wir aber die Begriffe „Vorhand, Mittelhand, Hinterhand“ klären. Lehmann hat das Spiel ausgeteilt oder – wie es in der Skatsprache heißt – er hat „gegeben“. Der gemäß unserer Sitzordnung links auf ihn folgende Spieler ist Krause, in

diesem Falle „Vorhand“. Krause wird also anspielen, d.h. die erste Karte auf den Tisch bringen. Meier ist „Mittelhand“. Er wird als zweiter eine Karte hinlegen, Lehmann, „Hinterhand“ legt die dritte zu. Aber so weit sind wir noch nicht. Zuerst muss festgestellt werden, an wen das Spiel überhaupt fällt. Und eben dies wird durchs Reizen ermittelt. Mittelhand, in diesem Falle Meier, reizt Vorhand, also Krause. Hat einer von beiden „gepasst“, d.h. kann oder will er nicht mehr mitreizen, so darf Hinterhand weiterreizen, bzw. passen. Im Verlauf eines Spiels ändert sich die „Hand“ andauernd. Es ist also nicht so, dass Krause in einem fort Vorhand bleibt, also jedes Mal als Erster seine Karte hinlegt. Es kommt vielmehr darauf an, wer den „Stich“, der aus jeweils drei Karten besteht, übernommen hat. Übernehmer ist der, der die höchste Karte in der geforderten Farbe hinlegte.

Hierzu ein Beispiel: Nachdem geklärt ist, wer das Spiel macht, legt Krause als Vorhand eine Karte auf den Tisch, sagen wir die Herz-Acht. Meier geht mit dem Herz-Ass drüber. Lehmann gibt die Herz-Sieben dazu. Meier, der den Stich mit seinem Ass übernahm, ist jetzt Vorhand, er spielt zum nächsten Stich aus. Lehmann ist dann Mittelhand, Krause Hinterhand.

Den nächsten Stich übernimmt vielleicht Lehmann. Jetzt ist er Vorhand, spielt also aus. Krause ist Mittelhand, Meier Hinterhand. Dieser ständige Wechsel ist wichtig, denn das jeweilige Ausspielen kann unter Umständen für den Spielverlauf von ausschlaggebender Bedeutung sein. So lautet eine beherzigenswerte Skatregel: Man versuche stets, den Alleinspieler in Mittelhand zu bringen, was man dadurch erreicht, dass derjenige Gegenspieler, der – immer im Uhrzeigersinn – vor dem Alleinspieler sitzt, nach Möglichkeit übernimmt, d.h. die höchste Karte zum Stich gibt, damit er dann am Ausspielen ist. Das wird jedoch in einem späteren Kapitel ausgiebig erläutert werden.

Was heißt nun eigentlich Alleinspieler und Gegenspieler? Wir wissen, dass jede Skatrunde aus drei Spielern besteht. Derjenige, der durch höchste Reizung das Spiel an sich bringt, ist der Alleinspieler. Die beiden anderen sind also seine Gegenspieler, die mit vereinten Kräften versuchen werden, den Alleinspieler „umzulegen", d.h. das Spiel für sich zu gewinnen. Um dies zu erreichen, müssen sie am Ende des Spiels mindestens sechzig Augen in ihren Stichen haben.

Zehn Stiche werden jeweils gemacht. Zehn mal drei Karten = dreißig Karten. Mit dreißig Karten wird ja gespielt, denn zwei liegen immer im Skat. Der Alleinspieler muss, um gewinnen zu können, mindestens einundsechzig Augen in seinen Stichen, sowie in den beiden Karten, die im Skat liegen, haben. Im Ganzen befinden sich hundertzwanzig Augen in den Skatkarten. Zählen Sie einmal selbst zusammen:

vier Buben	= viermal zwei Augen	= 8
vier Asse	= viermal elf Augen	= 44
vier Zehnen	= viermal zehn Augen	= 40
vier Könige	= viermal vier Augen	= 16
vier Damen	= viermal drei Augen	= 12
Summe:		120

(9, 8 und 7 haben keinen Augenwert)

Für die Gegenspieler genügt es also, genau die Hälfte aller Augen in ihren Stichen zu vereinigen. Der Alleinspieler braucht zum Gewinn jedoch die Hälfte plus ein Auge!

Das Reizen

Wir kommen nun zum nicht ganz einfachen Vorgang des Reizens, von dem es – wie gesagt – abhängt, an welchen Spieler das Spiel geht. Um es gleich vorwegzunehmen: keiner muss reizen. Jeder darf von vornherein erklären: „Ich passe!" Das bedeutet dann, dass er kein gutes Blatt in der Hand hat, also auf keinen Fall spielen möchte. Oder aber er reizt ein Weilchen mit, und sagt dann: „Ich passe", gleichviel, ob er noch weiterreizen könnte oder nicht.

Jedes Spiel hat seinen Wert. Das höchste ist das so genannte Großspiel, der **Grand**. Bei diesem Spiel ist keine **Farbe** Trumpf, sondern allein die vier Buben. Einen Grand kann derjenige riskieren, der mehrere Buben hat und dazu

Asse und Zehnen, die nach den Buben stechen, jeweils in der Farbe, die angespielt worden ist. Hat also ein Spieler das, was man eine „volle“ Karte nennt, eine also, die Karten mit hohen Augenzahlen enthält, sowie Buben dazu, dann reizt er auf Grand. Der Grand wird nach der Skatordnung mit 24 bewertet. Leider und unverständlicherweise wird der Grand vielerorts noch mit 20 gewertet. Dabei beschloss bereits der 13. Deutsche Skatkongress 1932 in Altenburg, dass im logischsystematischen Aufbau der einzelnen im Skat möglichen Spiele Grand als Großspiel 24 zählen muss, damit er – einfach gespielt – mit 48 den Zählwert eines Null ouvert überbieten kann.

Wir legen deshalb auch diese 24-Wertung unserem Buch zu Grunde. Meier hat also das in der Hand, was man als gute Grandkarte bezeichnen darf. Lehmann hat das Spiel gegeben, demgemäß ist Krause Vorhand und wird von Meier, der Mittelhand ist, gereizt. Bitte, merken Sie sich: Zuerst reizt Mittelhand Vorhand. Wenn Mittelhand passt, reizt Hinterhand Vorhand. Passt Vorhand, reizt Hinterhand Mittelhand; passen Hinterhand und Mittelhand, sagt Vorhand achtzehn oder passt ebenfalls.

Wer am weitesten reizt, erhält das Spiel. Ausschlaggebend für das Reizen sind die **Buben**! Und zwar kommt es dabei nicht nur auf deren Anzahl an, sondern auch auf die **Reihenfolge**! Hat einer den ältesten Buben, also den Kreuz-Buben, fehlt ihm aber der zweite, der Pik-Bube,

dann kann er nur „mit einem“ reizen, gleichviel, ob er den Herz-Buben und den Karo-Buben auch noch hat oder nicht. Es kommt also nicht auf die Anzahl der Buben an, die einer in seiner Hand vereinigt, sondern auf deren Reihenfolge. Meier, der seinen Grand reizt, hat den ältesten Buben und den Herz-Buben. Er reizt: mit einem, Spiel zwei. Nun muss der Ausdruck „Spiel zwei“ erklärt werden. Dieser Ausdruck ist ein fester Bestandteil des Skatspiels und macht eigentlich das Skatspiel erst möglich, denn man benötigt einen so genannten Reizfaktor. Je nachdem, ob man mit oder ohne ein, zwei, drei, oder vier Buben spielt, reizt man beispielsweise mit einem „Spiel zwei“, mit zwei „Spiel drei“, ohne vier „Spiel fünf“, ohne eins „Spiel zwei“. Wie gesagt, Meier reizt: „Mit einem Spiel zwei“.
Da der Grand 24 zählt, bedeutet das zweimal 24 = 48. Meier kann also bis 48 gehen. Reizt einer höher, kann er nicht mithalten, es sei denn, er reize auf „Hand“ oder „Schneider“, worüber wir noch sprechen werden.
Hat ein Spieler den Pik-Buben, es fehlt ihm also der Kreuz-Bube, der „Älteste“, dann hat das auf die Reizung keinen Einfluss. Er reizt dann nämlich: „Ohne einen, Spiel zwei“. Das macht dann beim Grand, von dem wir hier zunächst ausschließlich reden – wieder zweimal 24 = 48. Hat einer die beiden ältesten Buben, fehlt ihm aber der Dritte, also der Herz-Bube, reizt er: „Mit zweien, Spiel drei“. Das würde beim Grand also 3 x 24 = 72 machen. Hat einer nur

den Herz-Buben, reizt er: „Ohne zwei, Spiel drei“. Macht ebenfalls 72. Hat er den Herz-Buben und den Karo-Buben, reizt er ebenfalls „ohne zwei, Spiel drei“. Sie sehen also, es ist ganz egal, ob er außer den beiden fehlenden ältesten Buben Herz- und Karo-Bube hat, oder nur den Herz-Buben. Fehlen ihm die drei ältesten Buben, hat er also weder den Kreuz-noch den Pik-noch den Herz-Buben, reizt er: „Ohne drei, Spiel vier = 96“. Hat er alle vier Buben, so reizt er: „Mit vier Spiel fünf = 120“, d.h., er kann so einen Grand, wenn er will, bis 120 ausreizen. So weit wird es aber gar nicht kommen, denn seine beiden Mitspieler werden sehr wahrscheinlich schon früher passen. Das Spiel geht vielleicht schon dann an ihn, wenn er „40“ gesagt hat. Er lässt es dabei bewenden, braucht also keineswegs zu sagen, dass er bis 120 hätte reizen können!

Hat der Grandspieler überhaupt keinen Buben, reizt er – wenn überhaupt – „ohne vier, Spiel fünf“, ebenfalls gleich 120.

Nehmen wir nun an, einer habe einen einfachen Grand, d.h. den Ältesten oder den zweiten Buben. Er kann dann höchstens bis 48 reizen, denn mit (oder ohne) einem, Spiel zwei = 48. Jetzt hat aber ein anderer Spieler ein gutes Kreuzspiel in der Hand, vielleicht ohne die drei ältesten Buben. Da Kreuz, wie wir später sehen werden, den Spielwert zwölf hat, kann dieser nun reizen: „Ohne drei, Spiel vier“. Das würde vier x zwölf – 48 machen. Derjenige, der sein Kreuzspiel gerne machen möchte, ist in Mittelhand. Er reizt also den grandlustigen Spieler, der in Vorhand sitzt. Das Spiel fällt an Vorhand, denn derjenige, der gern Kreuz spielen möchte, kann gerade noch „48“ sagen. Er tut es, Vorhand sagt: „Ja, die habe ich.“ (Er will ja Grand mit einem Buben spielen, also mit einem spielt 2 x 24 = 48.). Nun muss Mittelhand sagen: „Ich passe.“ Ist aber der Grandspieler in Mittelhand, dann müsste er im oberen Fall das Spiel abgeben, denn er wäre ja an der Reihe, Vorhand zu reizen. Er müsste also bei 48 passen, die derjenige, der Kreuz ohne drei spielt, gerade noch halten kann.

Sie sehen also, es kommt sehr viel darauf an, wer in Vorhand, Mittel- und Hinterhand sitzt. Jetzt hat nämlich der Grandspieler, der 48 halten konnte, sein Spiel immer noch nicht unter Dach und Fach. Hinterhand, die bisher überhaupt noch nichts sagen durfte, kann ja evtl. noch ein höher bewertetes Spiel in der Hand haben. Einen Null-ouvert-Hand etwa, der aus der Reihe der Farbenspiele tanzt und immer, gleichviel, ob Buben dabei sind und welche, 59 zählt. Hinterhand reizt also weiter, indem er 59 sagt. Da kann derjenige, der seinen Grand mit einem oder ohne einen, kurz gesagt seinen einfachen Grand nicht höher reizen kann, nicht mehr mit und muss blutenden Herzens passen.

Nein, das muss er nicht. Er kann noch weitergehen, wenn er glaubt, dass sein Blatt ihm das gestattet. Er sagt sich im

Stillen (niemals laut!), dass er noch „Hand“ mitreizen könnte. Was heißt das? Es bedeutet folgendes: Derjenige, an den das Spiel geht, darf die zwei Karten, die verdeckt in der Mitte des Tisches liegen, aufnehmen und sie gegen zwei andere tauschen, die ihm nicht recht ins Blatt passen bzw. eine Karte austauschen und die andere wieder hinlegen oder sogar beide Karten wieder zurücklegen, falls sie ihm keine Verbesserung bringen. Auf jeden Fall darf er zum Spielen nur zehn Karten in seiner Hand haben. Lässt der Alleinspieler den „Skat“ nun unbesehen liegen, dann verzichtet er auf die eventuelle Chance, sein Spiel zu verbessern. Das nennt man dann: „Er spielt aus der Hand.“ Schon beim Reizen und auch bei der Bewertung eines gewonnenen Spiels erhöht sich der Reizfaktor um einen Punkt. Unser Grandspieler, der das Spiel durchaus an sich bringen möchte, reizt also weiter. Er kann jetzt bis 72 gehen, falls nötig. Wieso bis 72? Grand ohne einen, Spiel zwei, Hand drei. 3 x 24 = 72. Oder er sagt sich: „Mein Blatt ist so gut, dass ich genug Augen einheimsen werde, um die Gegner ‚Schneider‘ zu spielen.“

Was ist denn „Schneider“? Wenn die Gegenspieler am Ende des Spiels in ihren Stichen weniger als 31 Augen haben, dann sind sie „Schneider“, was beim Anschreiben den Gewinn des Alleinspielers erhöht. War sein Spiel Grand mit einem, Spiel zwei, so werden ihm jetzt nicht nur 48 gute Punkte angeschrieben, sondern 72. Durch die

Tatsache, dass es ihm gelang, die Gegner „Schneider“ zu machen, hat er sich noch einmal den Punktwert seines Spiels verdient. Er bekommt also: Grand mit einem, Spiel zwei, Schneider drei = 72 angeschrieben. Und das kann er auch gleich beim Reizen mit einkalkulieren, ohne es jedoch anzusagen. Er reizt einfach bis 72. Schafft er es dann nicht, die Gegner Schneider zu spielen, ist sein Spiel allerdings verloren! Er wird also gut nachrechnen, wie viele Augen ihm sicher sind, ehe er insgeheim Schneider mitreizt.

Ist sein Spiel ganz besonders gut, sodass er ohne weiteres auf das Aufnehmen des Skates verzichten kann, dann wird er es tun. Ist es sogar so gut, dass die Gegenspieler mit Gewissheit nicht aus dem Schneider kommen werden, dann kann er das ansagen. Wohl gemerkt, nur wenn er Hand spielt, darf er ansagen, dass er die Gegner Schneider zu spielen gedenkt. Das würde im Falle, dass er seinen Grand gewinnt, bedeuten: Mit einem, Spiel zwei, aus der Hand drei, Schneider vier, Schneider angesagt fünf. 5 x 24 = 120 gute Punkte, ja, es geht sogar noch weiter.

Alle Jubeljahre einmal kommt es vor, dass die Skatkarten so, wie sich jeder Spieler dies erträumt, verteilt sind. Er bekommt dann nämlich ein so tolles Blatt, dass er es, ohne den Skat anzusehen, einfach wie im Schlaf von oben herunter spielen kann. Er sieht dann bei Prüfung seines Blattes, dass die Gegenspieler überhaupt keinen Stich erhalten werden, also auch kein einziges Auge. Ein solcher Fall heißt: Die Gegenspieler werden „schwarz". Spielt der Inhaber eines solchen Glücksblattes nun also, ohne den Skat aufzunehmen, einen Grand mit allen vier Buben aus der Hand, und sagt er dazu noch Schneider und Schwarz an, dann zählt sein Spiel, wenn er seine Ansage erfüllt, die Gegenspieler also wirklich keinen Stich machen: Mit vier, Spiel fünf, Hand sechs, Schneider sieben, schwarz acht, Schneider angesagt neun, schwarz angesagt zehn. 10 x 24 = 240 gute Punkte für den Spieler. Das ist aber noch nicht das höchste Ergebnis, das man überhaupt in einem normalen Spiel ohne verteuernde Raffinessen erzielen kann. Das höchste und teuerste Spiel, das es im Skat gibt, ist der „Grand-ouvert".

Im **Höchstfall** rechnet er mit allen vier Buben: Mit vier, Spiel fünf, Hand sechs, Schneider sieben, Schneider angesagt acht, schwarz neun, schwarz angesagt zehn. 10 x 24 = 240.

Grand-ouvert ist immer ein Handspiel, der Skat bleibt also unberührt liegen. Wie bei allen Spielen im Skatspiel spielt auch hier Vorhand aus. Der Alleinspieler muss seine zehn Handkarten vor Beginn des Spiels, also bevor Vorhand ausspielt, auflegen. Er muss alle zehn Stiche machen, um zu gewinnen. Deshalb genügen nicht nur 120 Augen. Es ist eine falsche Meinung, dass ein „Grand-ouvert" nur dann gespielt werden darf, wenn er, die Gegner mögen spielen

wie sie wollen, in jedem Falle gewonnen wird. Im Skat kann jedes Spiel sowohl gewonnen, als auch verloren werden. Mithin auch der Grand-ouvert.
Wir kommen jetzt zum nächsten Spiel, dem Kreuz-Spiel. Es zählt zwölf, das Pik-Spiel zählt elf, das Herz-Spiel zehn, das Karo-Spiel neun. Außerdem gibt es noch den „Null“, den Null-Hand, den Null-ouvert, den Null-ouvert-Hand, den Ramsch und den Schieberamsch.

Eine Tabelle* fürs Reizen erleichtert das Erlernen dieser primären Skatkunst.

Grand mit einem	= 48	Pik mit einem	= 22
Grand ohne einen	= 48	Pik ohne einen	= 22
Grand mit zweien	= 72	Pik mit zweien	= 33
Grand ohne zwei	= 72	Pik ohne zwei	= 33
Grand mit dreien	= 96	Pik mit dreien	= 44
Grand ohne drei	= 96	Pik ohne drei	= 44
Grand mit vieren	= 120	Pik mit vieren	= 55
Grand ohne vier	= 120	Pik ohne vier	= 55
aus der Hand	= 24 dazu	Pik mit fünfen	= 66
Schneider	= 24 dazu	Pik ohne fünf	= 66
Schwarz	= 24 dazu	Pik mit sechsen	= 77

* Diese Tabelle ist für den Anfänger ebenso wichtig wie das „Kleine Skat-Lexikon“. Merken Sie sich also fürs Nachschlagen die Seiten 24 f. und 137 ff.

Schneider angesagt	= 24 dazu	Pik ohne sechs	= 77
Schwarz angesagt	= 24 dazu	aus der Hand	= 11 dazu
Grand-ouvert	= 24	Schneider	= 11 dazu
		Schwarz	= 11 dazu
		Schneider angesagt	= 11 dazu
		Schwarz angesagt	= 11 dazu

Kreuz mit einem	= 24	Karo mit einem	= 18
Kreuz ohne einen	= 24	Karo ohne einen	= 18
Kreuz mit zweien	= 36	Karo mit zweien	= 27
Kreuz ohne zwei	= 36	Karo ohne zwei	= 27
Kreuz mit dreien	= 48	Karo mit dreien	= 36
Kreuz ohne drei	= 48	Karo ohne drei	= 36
Kreuz mit vieren	= 60	Karo mit vieren	= 45
Kreuz ohne vier	= 60	Karo ohne vier	= 45
Kreuz mit fünfen	= 72	Karo mit fünfen	= 54
Kreuz ohne fünf	= 72	Karo ohne fünf	= 54
Kreuz mit sechsen	= 84	Karo mit sechsen	= 63
Kreuz ohne sechs	= 84	Karo ohne sechs	= 63
aus der Hand	= 12 dazu	aus der Hand	= 9 dazu
Schneider	= 12 dazu	Schneider	= 9 dazu
Schwarz	= 12 dazu	Schneider angesagt	= 9 dazu
Schneider angesagt	= 12 dazu	Schwarz	= 9 dazu
Schwarz angesagt	= 12 dazu	Schwarz, angesagt	= 9 dazu

Herz mit einem	= 20	Null	= 23
Herz ohne einen	= 20	Null-ouvert	= 46
Herz mit zweien	= 30	Null aus der Hand	= 35

Herz ohne zwei	= 30	Null-ouvert Hand	= 59
Herz mit dreien	= 40	Revolution	= 92
		(offiziell nicht mehr gespielt)	
Herz ohne drei	= 40		
Herz mit vieren	= 50		
Herz ohne vier	= 50		
Herz mit fünfen	= 60		
Herz ohne fünf	= 60		
Herz mit sechsen	= 70		
Herz ohne sechs	= 70		
aus der Hand	= 10 dazu		
Schneider	= 10 dazu		
Schwarz	= 10 dazu		
Schneider angesagt	= 10 dazu		
Schwarz angesagt	= 10 dazu		

Merken Sie: Mit fünfen beim Farbenspiel heißt, dass der Spieler zu den vier Buben auch noch das Ass in der Farbe hat, die er zu spielen gedenkt. Hat er aber die vier Buben, fehlt ihm das Ass und kommt dann die Zehn, darf er nicht mit Fünfen reizen. Die Reihe muss stets geschlossen sein. Mit Sechsen heißt dann also, dass der Spieler in der gereizten Farbe die vier Buben hat, das Ass und die Zehn! Ohne Fünf bedeutet folgerichtig, dem Spieler fehlen in der Farbe, die er auszureizen gedenkt, die Buben und das Ass. Ohne Sechs: ihm fehlen die Buben, das Ass und die Zehn.

Theoretisch könnte das „mit“ oder „ohne“ beim Farbenspiel bis „mit elf“ bzw. „ohne elf“ gehen. Aber praktisch geht es nicht, weil man ja überhaupt nur zehn Karten in der Hand hat und bei einem so geschlossenen Blatt, wie etwa „mit Sieben“ eines wäre, doch wohl einen Grand spielt. Und dass einer mit weniger als „ohne sechs“ eine Farbe zu spielen riskiert, kann zwar vorkommen, geschieht aber äußerst selten. Wir haben uns deshalb damit begnügt, unsere Tabelle bis zum Wert „ohne sechs“ durchzuführen. Der Null zählt stets 23. Da gibt es nichts zu lernen. Der Null Hand zählt, wie aus der Tabelle ersichtlich, 35. Obwohl der Null-Hand ein Bestandteil der Skatordnung ist, wird er in verschiedenen Gegenden Deutschlands nicht gespielt. Revolution siehe Skat-Lexikon (siehe S. 146)!

Schließlich gibt es noch den Ramsch und den Schieberamsch. (Alle hier erwähnten Möglichkeiten werden in späteren Kapiteln ausführlich erklärt.) Warum finden Sie in der Tabelle beim Ramsch und Schieberamsch einfach einen Strich? Weil auf dieses Spiel überhaupt nicht gereizt wird. Es kommt nämlich nur zustande, wenn alle drei Spieler von vornherein passen, also nicht einmal die niedrigste mögliche Ansage: „Achtzehn“ riskieren. So was kommt vor, wenn die Karten so gut verteilt sind, dass keiner ein halbwegs Erfolg versprechendes Blatt in der Hand hält. Also: Alle drei Spieler passen von vornherein – es wird Ramsch gespielt. Da beim Ramsch nichts gereizt wird, kann man auch den Gewinn und Verlust nicht wie beim Normalspiel errechnen. Im Kapitel Ramsch finden Sie Näheres darüber!

Und nun wollen wir das Reizen ein bisschen üben. Wie weit können Sie bei den nachstehend aufgezählten Spielen jeweils reizen?

1. Sie wollen Pik spielen und haben den vierten Buben, dazu fünf Trümpfe in Pik und eine gute Beikarte.
2. Sie wollen Grand spielen und haben den ältesten und die beiden jüngsten Buben.
3. Sie wollen Herz spielen und haben alle vier Buben, das Herz-Ass, die Herz-Dame, Herz-Acht.
4. Sie wollen Karo spielen und haben den ältesten und zweiten Buben, Karo-Ass, Karo-Zehn, Karo-Dame, Karo-Acht.
5. Sie wollen einen Null spielen.
6. Sie wollen Kreuz spielen und haben den zweiten Buben, den vierten (oder jüngsten) Buben, Kreuz-Zehn, Kreuz-König, Kreuz-Dame, Kreuz-Acht, Kreuz-Sieben.

Und hier die Antworten zu diesen sechs Spielarten, die Sie natürlich nur bei guter Nebenkarte gereizt hätten.

Zu 1: Sie können reizen: Ohne drei Spiel vier mal elf = vierundvierzig.

Zu 2: Sie können reizen: mit einem, Spiel zwei mal vierundzwanzig = achtundvierzig.

Zu 3: Sie können reizen: mit Fünfen, Spiel sechs mal zehn = sechzig.

Zu 4: Sie können reizen: mit zweien, Spiel drei mal neun = siebenundzwanzig.

Zu 5: Sie können bis dreiundzwanzig reizen.

Zu 6: ohne einen, Spiel zwei mal zwölf = vierundzwanzig.

Allerhöchstens könnten Sie dieses Spiel reizen: ohne einen, Spiel zwei, aus der Hand drei, Schneider vier, Schneider angesagt fünf mal zwölf = sechzig. „Schwarz" anzusagen können Sie bei diesem Blatt auf keinen Fall wagen. Das Spiel ginge verloren! Bitte, üben sie die Kunst des Reizens auf eigene Faust mit Aufgaben weiter, die Sie sich selbst stellen. Und – überlegen Sie bei der Gelegenheit auch gleich, was man aus dem Reizen der anderen entnehmen kann. Hat Meier z. B. bis siebenundzwanzig gereizt und nimmt das Spiel, ohne es aus der Hand zu spielen, also nach Einsicht des Skats und nach Drücken, und Sie haben den zweiten Buben in der Hand – was können Sie folgern? Stellen Sie sich vor, dass Sie auf Lehmanns Platz sitzen, also für diesen spielen. Dann ist, da Meier der Alleinspieler ist, Krause Ihr Mitspieler. Jawohl, Sie haben richtig überlegt: der älteste Bube muss bei Krause sitzen. Und das ist natürlich schon eine ganz hübsche Hilfe, die in dieser Kenntnis steckt. Sie können nun taktisch Ihr Spiel besser aufbauen, als wenn Sie über den Sitz des Ältesten nicht im

Bilde wären. Ebenso Krause – er weiß genau, dass der zweite Bube bei Ihnen sitzt. Warum? Nun, Meier reizte bis siebenundzwanzig und hat ein Karo-Spiel angesagt. Das heißt also, er spielt mindestens mit zweien oder ohne zwei (Spiel drei mal neun = siebenundzwanzig). Mit zweien kann er nicht spielen, denn Krause hat ja den ältesten Buben. Also spielt er ohne zwei und der zweite Bube sitzt bei Ihnen. Bitte, merken Sie: derjenige, an den das jeweilige Spiel geht, muss nach dem Reizen erst den Skat aufnehmen, dafür zwei Karten weglegen und darf dann erst ansagen, was er spielt! Und jetzt kommen wir zu einem sehr wunden Punkt unseres Skats, nämlich zum so genannten Überreizen.

Überreizt!*

Krause ist jetzt mit dem Kartengeben an der Reihe. Sie – immer noch Lehmanns Platz einnehmend – sind also Mittelhand und reizen Meier, nachdem Sie sich Ihr Blatt genau angesehen haben, das nicht schlecht ist. Sie haben:

Herz-Bube, Karo-Bube, Kreuz-Ass, Kreuz-Sieben, Pik-Ass, Pik-Dame, Pik-Neun, Pik-Acht, Herz-Ass, Herz-Dame.

---

* In diesem Kapitel, wie auch in den nun folgenden, begegnen Ihnen viele echte Skatausdrücke. Sie finden die jeweiligen Erklärungen alle im „Kleinen Skat-Lexikon", ab Seite 137 ff.

Sie beschließen also, Ihr Spiel auszureizen. „Achtzehn", sagen Sie zu Meier. Er hat auch zwanzig, zweiundzwanzig, dreiundzwanzig und vierundzwanzig. Höher geht er, der einen Kreuz ohne einen spielen könnte, nicht. Krause passt bei dreißig. Sie hätten bis dreiunddreißig reizen können. Pik ohne zwei, Spiel drei mal elf = dreiunddreißig. Neugierig nehmen Sie den Skat auf und finden darin den ältesten Buben und die Karo-Neun. Und damit haben Sie sich überreizt! Sie halten jetzt den ältesten Buben in der Hand, der zweite fehlt Ihnen – Ihr Spiel ist also durch das Aufnehmen billiger geworden. Es zählt nur noch: mit einem, Spiel zwei mal elf = zweiundzwanzig. Sie hatten aber bis dreißig gereizt.

Sie werden jetzt einwenden, dass das sehr ungerecht sei, denn Sie konnten ja nicht wissen, was im Skat liegt. Ungerecht oder nicht – es ist nun einmal so: was im Skat gefunden wird, zählt mit! Das ist ein Risiko, das jeder Spieler eingeht. Manch ein vorsichtiger Spieler kalkuliert diese Gefahr des „Überreizens" von vornherein mit ein und reizt nur so weit, dass er auch dann noch sein Spiel machen kann, wenn so ein „Billigmacher", eben der älteste oder zweite Bube, im Skat gefunden wird.

Bis dreißig war gereizt. Sie müssen mindestens ein dreißig Punkte zählendes Spiel machen, sonst ist's von vornherein verloren. Da gibt es nun verschiedene Möglichkeiten. Sollte Ihr Pik-Spiel so gut sein, dass Sie hoffen dürfen, Ihre

Gegner „Schneider zu machen“, ihnen also weniger als dreißig Augen zu überlassen, dann wäre der Gewinn bei Ihnen. Es würde dann zählen: mit einem, Spiel zwei, Schneider drei = dreiunddreißig. Die Sache mit dem Schneider ist Ihnen zu riskant, denn Sie drücken die gefundene Karo-Neun wieder weg und legen die Herz-Dame zu. Sie geben also auf die Kreuz-Sieben einen Stich ab, falls Sie sie nicht billig abwerfen können. Und wenn alle Pik-Karten gegen Sie in einer Hand sitzen, geben Sie auf Pik auch Stiche ab. Und der Gegner, der gar keine Trümpfe hat, kann „schmieren“. Die Gegner würden also wahrscheinlich aus dem Schneider kommen. Es bleibt Ihnen also nur übrig, auf das überreizte Blatt einen Grand zu riskieren, der ja achtundvierzig zählt (mit einem, Spiel zwei = achtundvierzig).

Selbstverständlich lassen Sie es sich nicht anmerken, dass Sie sich überreizt haben. Ihre Gegner würden sonst auf dem Sprung sitzen, um Ihnen das Genick zu brechen. Sie sagen mit gelassener Miene an: „Ich spiele Grand.“ Meier ist am Ausspielen. Er zieht seine längste Farbe, also Kreuz. Er nimmt die Dame dazu. Sie wissen nun nicht, ob Sie mit dem Kreuz-Ass übernehmen sollen, oder mit der Kreuz-Sieben druntérbleiben. Es könnte ja sein, dass Krause kein Kreuz hat, dafür aber den Pik-Buben. Bei großem Pech würde Ihnen das schöne Ass eventuell weggestochen werden. Aber Sie müssen ans Spiel kommen, um den Buben abzuholen, der noch draußen ist. Also riskieren Sie das

Kreuz-Ass. Es geht gut. Krause hat zwar kein Kreuz, aber auch nicht den Buben. Er wirft also eine Lusche dazu, die Herz-Sieben. Wieder zählen Sie. Mit dem Skat haben Sie jetzt siebzehn Augen nach Hause gebracht (nämlich die gedrückte Herz-Dame = drei Punkte, das Kreuz-Ass = elf Punkte, sowie die Kreuz-Dame = drei Punkte.) Jetzt holen Sie vor allen Dingen den Pik-Buben ab, indem Sie den Ältesten ausspielen. Krause gibt wieder eine Lusche zu, die Herz-Acht. Meier muss bedienen, d.h. den Buben geben, weil ja beim Grand nur die Buben Trumpf sind. Einundzwanzig Augen sind bei Ihnen. Was nun? Ich an Ihrer Stelle würde das Pik-Ass ausspielen. Weil Sie Pik lang haben, könnte es sein, dass die Pik-Zehn blank sitzt beim Gegner, also aufs Ass fallen muss. Tatsächlich, sie fällt! Krause, der Pik-König und Pik-Sieben hat, gibt die Sieben. Meier muss sich von seiner blanken Pik-Zehn trennen. Zweiundvierzig Augen bei Ihnen! Jetzt vielleicht das Herz-Ass? Sie ziehen es. Es bringt null Augen ein. Sie haben jetzt also dreiundfünfzig Augen. Den nächsten Stich müssen Sie dem Gegner lassen. Sie spielen die Kreuz-Sieben. Krause, der kein Kreuz hat, schmiert seine Herz-Zehn. Meier übernimmt mit der Kreuz-Zehn. Jetzt ärgert Meier Sie mit Kreuz, indem er Ihnen den König vorspielt. Kreuz haben Sie nicht mehr. Was tun? Abwerfen oder stechen? Abwerfen! Sie geben die Pik-Acht. Krause hält bestimmt seinen Pik-König fest, der nach seiner Karte noch einen Stich macht. Er wirft

den Karo-König zu. Wieder kommt Meier mit Kreuz, denn er hat ja noch die Acht. Sie werden allmählich nervös. Pik-Neun weg. Krause gibt eine Karo-Lusche. Den Herz-König, den er auch noch hat, hält er, weil er hofft, mit dem ans Spiel zu kommen und Pik nachbringen zu können. Jetzt bringt Meier sein Karo-Ass. Sie stechen mit einem Buben ein, weil Sie ja kein Karo haben. Gewonnen! Schon das Ass, ohne Ihren Buben, genügt. Denn es macht, mit den dreiundfünfzig Augen, die Sie schon hatten, vierundsechzig!
Was dies Spiel betrifft, das wir soeben miteinander durchgespielt haben, ebenso wie jene, die wir im Verlauf unseres Skat – Studiums noch durchspielen werden – es handelt sich ausschließlich um solche, die tatsächlich am runden Tisch gespielt worden sind und deren Verlauf ich notierte. Andere Skatspieler als Lehmann, Meier und Krause (oder Sie, der Leser, als fiktiver Mitspieler) hätten sicherlich nicht genauso gespielt. Jeder Skatspieler stellt seine eigenen Überlegungen an, hält dies oder das für günstig. Es handelt sich also durchweg um unverbindliche Musterbeispiele, denn der Möglichkeiten sind viele, wie Sie später, als gewiefter Skatfreund, selbst feststellen werden. Und diese Tatsache ist es nicht zuletzt, die das Spiel so reizvoll macht!

Wir wollen aber noch beim Überreizen verweilen. Sie ruhen sich jetzt aus und verfolgen aufmerksam, ob Lehmann,

der ebenfalls einen Buben im Skat findet, sich aus der Affäre ziehen wird.
Krause gibt, Lehmann ist also Mittelhand. Meier erhält:

Pik-Bube, Kreuz-Zehn, Kreuz-Dame, Kreuz-Neun, Kreuz-Sieben, Pik-Neun, Pik-Acht, Herz-Dame, Herz-Neun, Herz-Sieben.

Lehmann hält in der Hand:

Herz-Bube, Karo-Bube, Kreuz-Ass, Kreuz-König, Pik-Zehn, Pik-Sieben, Karo-Ass, Karo-König, Karo-Acht, Karo-Sieben.

Krause hat:

Kreuz-Acht, Pik-Ass, Pik-König, Pik-Dame, Herz-Ass, Herz-Zehn, Herz-König, Karo-Zehn, Karo-Dame, Karo-Neun

Im Skat liegen der älteste Junge und die Herz-Acht.
Lehmann glaubt, ein Karospiel durchbringen zu können. Da er die beiden jüngsten Buben hat, kann er reizen: „Ohne zwei, Spiel drei. 3 x 9 = 27“. Meier meint auf seine Karte einen Null (den wir später lernen werden) gewinnen zu können. Er kann also nur bis 23 gehen und muss demzufolge passen, da Lehmann ja bis 27 reizen kann. Krause hat eine schlechte Karte und sagt gar nichts.
Sie finden Krauses Karte gar nicht so schlecht? Es sind doch zwei Asse darin, zwei Zehnen, zwei Könige und zwei Damen. Nun, das ist ein typisches Blatt zum „Mitspielen“, aber nicht zum Allein-Spielen. Zum Grand reicht es nicht,

zumal Krause keinen Buben hat. Zum Farbenspiel reicht's auch nicht, dazu sind die einzelnen Farben zu „kurz". Mit jeweils höchstens drei Trümpfen kann man schwerlich ein Farbenspiel gewinnen.
Lehmann nimmt seinen Skat auf. Weil er den ältesten Buben findet, zählt sein Karo-Spiel jetzt nur noch achtzehn. (Mit einem, Spiel zwei mal neun = achtzehn.) Karo kann er also nicht mehr spielen, auch nicht Pik, denn „Pik einfach" zählt nur zweiundzwanzig. Dreiundzwanzig war aber gereizt. Also muss er Kreuz spielen, das vierundzwanzig zählt. Er drückt die Pik-Zehn und die blanke Herz-Acht und lässt die Pik-Sieben stehen. „Blank", weil er keine weiteren Herzen im Blatt hat. Meier hat – mit dem Pik-Buben – fünf Kreuzkarten dagegen, er könnte also „Contra" bieten. (Contra lernen wir später.) Er tut es aber nicht, weil die übrigen fünf Karten schlecht sind, und vor allem, weil sein Mitspieler Krause nichts gereizt hat, sodass er vermuten muss, dass Krauses Blatt nicht gut ist.
Meier spielt Lehmann die Herz-Neun an. Lehmann legt seine blanke Pik-Sieben zu und Krause übernimmt den Stich mit dem Herz-Ass. Die Gegner haben also elf Augen eingeheimst. Weil Krause übernommen hat, ist er jetzt am Ausspielen. Er legt seine blanke Trumpf-Acht auf den Tisch. In der Regel spielen die Gegner nicht Trumpf, aber in diesem besonderen Fall ist es günstig, denn Meier sieht daraus, dass Krause nur diesen einzigen Trumpf hat, den

er wegwirft, um nicht mehr bedienen zu müssen, sondern „schmieren“ zu können. Meier geht mit der Kreuz-Neun auf die Kreuz-Acht. Lehmann nimmt den Stich mit dem Kreuz-König. Er zählt mit! Drei Trümpfe sind draußen. Mit den gedrückten Augen habe ich nun 14. Jetzt spielt Lehmann seinen Karo-Buben. Krause, in der Hoffnung, dass Meier übernehmen kann, schmiert seine Herz-Zehn. Meier, der die Zehn nicht vom Tisch lassen will, übernimmt mit seinem Pik-Buben. Dann zieht er seine Herz-Dame. Lehmann hat kein Herz mehr. Stechen kann er aber nicht, denn er weiß ja, dass bei Meier noch drei Trümpfe sitzen. Er darf sich also nicht im Trumpf schwächen. Er wirft die Karo-Sieben ab. Krause übernimmt mit Herz-König. Die Gegner haben jetzt 32 Augen unter Dach und Fach. Fünf Trümpfe sind gefallen. Krause zwingt nun Lehmann zum Stechen, indem er Pik-Ass anbietet. Meier bedient mit Pik-Acht und Lehmann übersticht mit Kreuz-Ass. Er hat jetzt 36 Augen in den Stichen, die ihm gehören. Jetzt spielt Lehmann aus, und zwar den Karo-König. Krause übernimmt mit Karo-Zehn, denn mit Karo-Dame kann er immer noch einen Stich auf Karo-Acht machen, wenn Lehmann zu einem späteren Zeitpunkt Karo-Ass bringen sollte, auf das er Karo-Neun zugeben würde. Meier hat keine Schmierkarte und um Lehmann in Mittelhand zu bringen, übernimmt er mit Kreuz-Zehn. Meier zieht die Herz-Sieben und Lehmann wirft Karo-Acht ab. Krause schmiert den Pik-König. Nun bringt Meier die Pik-Neun und Lehmann kommt in Bedrängnis. Er kann nun machen was er will, er verliert sein Karo-Ass. Er übernimmt Pik-Neun mit den Herz-Buben, Krause gibt die Pik-Dame dazu. Nun spielt Lehmann den Kreuz-Buben aus. Krause legt die Karo-Neun zu und Meier bedient mit Kreuz-Sieben. Nun bringt Lehmann Karo-Ass, Krause bedient mit Karo-Neun und Meier trumpft mit Kreuz-Dame. Lehmann hat nur 43 bekommen und gegen Meier und Krause verloren.

Der Null und der Null-ouvert

Das Null-Spiel fällt völlig aus dem Rahmen. Es gibt hierbei keine Trümpfe. Auch rangieren die Buben nicht an der Spitze, sondern werden eingeordnet. Auch die Zehn gibt ihre Position hinter dem Ass auf und nimmt ihren Platz zwischen der Neun und dem Buben ein. Die Reihenfolge der Karten in allen vier Farben stellt sich beim Null-Spiel folgendermaßen dar: Ass, König, Dame, Bube, Zehn, Neun, Acht, Sieben. Auch unterscheiden die einzelnen Farben sich nicht durch verschiedene Werte, zählen also nicht etwa: Kreuz = zwölf, Pik = elf und so fort.

Beim Null ist es die Aufgabe des Alleinspielers, allen Bemühungen der beiden Gegner zum Trotz, keinen einzigen Stich zu machen. Er muss also immer unter dem Wert der ihm angespielten Karte bleiben oder aber Sorge tragen, dass der dritte Mann höher gehen, also den Stich übernehmen muss. Die niedrigste Karte beim Null ist die jeweilige Sieben, es folgt die Acht, darauf die Neun und so weiter bis zum Ass. Eine „Null-Karte“ haben Sie also dann in der Hand, wenn Sie die einzelnen Farben möglichst geschlossen von unten herauf in der Hand halten. Das würde bedeuten: Sieben, Acht, Neun, Zehn... Haben Sie aber beispielsweise: Sieben, Neun, Bube, König, so kann Ihnen dann nichts geschehen, wenn Sie nicht am Ausspielen sind. Denn selbst wenn alle übrigen Karten der betreffenden Farbe in einer Hand gegen Sie sitzen, das wären Acht, Zehn, Dame und Ass, so kann Ihnen doch kein einziger Stich aufgezwungen werden, denn zur Acht geben Sie die Sieben, zur Zehn die Neun, zur Dame den Buben, zum Ass den König. Sie bleiben also immer drunter.

Weisen Ihre Karten jedoch größere Lücken auf als die eben beschriebenen, so besteht die Gefahr, dass Ihr Null herumgerissen wird. Eine schwache Sitzung ist zum Beispiel: Sieben und Zehn; oder Sieben, Neun, Dame; oder Sieben, Neun König; oder die blanke Acht; oder Acht und Neun; oder eine blanke Neun; oder Acht, Zehn; oder Sieben, Neun, Bube Ass. Einen lückenhaften Null reizen Sie, wenn überhaupt, nur bis dreiundzwanzig. Sie brauchen ihn dann nämlich nicht „ouvert“ zu spielen, also offen, sondern aus der Hand. Weist Ihr Spiel aber keine Schwächen auf, oder nur eine einzige, dann reizen Sie Null-ouvert, wobei Sie bis sechsundvierzig gehen können. Ist Ihr Null-ouvert so gut, dass Sie Ihre Karte durch Aufnehmen des Skats und durch Wegdrücken zweier Karten nicht mehr zu verbessern brauchen, können Sie Null-ouvert aus der Hand reizen, der neunundfünfzig zählt. Und wenn Ihre Null-Karte gar so geschlossen ist, dass Ihre Gegner Sie sogar dann nicht besiegen könnten, wenn sie ihre eigenen Karten untereinander austauschen würden, dann können Sie sogar eine stolze „Revolution" gewinnen, die bis zweiundneunzig gereizt wird.

Das Spiel „Revolution" ist ein offenes Null-Hand-Spiel. Der Skat muss unberührt liegen bleiben, auch der Alleinspieler darf sich nicht daran vergreifen. Die beiden Gegner des Alleinspielers dürfen ihre 20 Handkarten untereinander austauschen. Auch hier spielt, wie bei allen anderen Spielen im Skat, immer Vorhand aus. Wegen des Kartentausches und der unziemlich hohen Bewertung mit 92 Punkten sollte aber so ein Null-Spiel nicht gespielt werden. Das folgende Blatt ist nur dann eine Revolution, wenn der Revolution-Spieler nicht in Vorhand ist. Ist er jedoch Vorhand, kann er nicht gewinnen. Hier der Kartensitz:

Karo-Sieben, Neun, Zehn; Herz-Sieben, Neun, Bube (oder Sieben, Acht, Bube); Pik-Sieben, Neun; Kreuz-Sieben, Neun.

Wird nun vom Spieler, der in Vorhand sitzt, Karo, Kreuz oder Pik-Sieben ausgespielt, so wird der eine Gegner, der jetzt alle Gegenkarten auf seiner Hand hält, mit einer hohen Karte übernehmen und die Acht nachspielen. Damit wäre die Revolution schon verloren. Bei dem Kartensitz Sieben, Acht, Bube, wird der Spieler zuerst die Sieben ausspielen, der Gegner wird mit einer hohen Karte übernehmen, wird die Neun bringen, worauf der Spieler mit der Acht darunterbleiben muss, dann kommt die Zehn vom Gegenspieler, und der Bube ist höher, und auch hier ist die Revolution wieder verloren.

Oft genug ist es so, dass etwa Lehmann einen Null-ouvert in der Hand hat, und gleichzeitig Krause oder Meier einen Grand reizt. Das wird Ihnen sogleich klar, wenn Sie bedenken, dass der Null-Spieler bestimmt gut mit niedrigen Karten ausgestattet ist. Es ist also nicht unwahrscheinlich, dass ein anderer viele hohe Karten in der Hand hält, also einen Grand hat, bei dem es ja auf die Buben, Asse und Zehnen ankommt. Reizt einer Grand einfach = achtundvierzig, so können Sie mit Ihrem Null-ouvert nicht mehr landen, da dieser ja nur 46 zählt. Der Gegner hat aber einen Grand mit zweien, kann also bis zweiundsiebzig reizen. Sie wollen Ihren schönen Null-ouvert nicht vom Tisch lassen und reizen „Hand" mit, also neunundfünfzig. Ach, es nützt Ihnen nichts, denn der Grand mit oder ohne zwei zählt mehr! In solchem Falle bleibt Ihnen nur noch zu überlegen, ob Sie es wagen können, Revolution zu spielen. Dann geht das Spiel für zweiundneunzig an Sie.

Hat der Gegner aber etwa: Grand mit dreien, Spiel vier = 96, dann überreizt er Sie, und Sie müssen passen. Nehmen wir nun einmal an, der Alleinspieler habe einen Null, den er für dreiundzwanzig bekommt, weil niemand mehr bietet. Er hat:

Kreuz-Sieben, Kreuz-Acht, Kreuz-Neun, Pik-Sieben, Pik-Zehn, Herz-Sieben, Herz-Neun, Herz-Bube, Karo-Sieben, Karo-Neun.

Seine schwache Stelle ist also Pik, denn da fehlen ihm Acht und Neun. Als Null-Spiel, bei dem er ja seine Karten nicht aufdecken muss, geht dieses Spiel vielleicht gut. Ein Null-ouvert aber ist riskant. Trotzdem riskiert der Spieler einen Null-ouvert. Im Skat findet er zwei hohe Karten, die er gleich wieder weglegt. Er konnte also sein Spiel nicht dadurch verbessern, dass er etwa einen kleinen Pik fand, der gut hineingepasst hätte in seine Lücke. Besser hätte er daran getan, mit dieser Karte einen Null-Hand zu spielen. Er ist Mittelhand und muss nun seine Karten offen auf den Tisch legen. Bei allen „offenen" Spielen muss der Alleinspieler alle zehn Karten „offen" auf den Tisch legen. Es wird kein Stich verdeckt gespielt. Seine Gegner entdecken also die Schwäche in Pik und setzen natürlich alles daran, um den Gegner in dieser Farbe zu Fall zu bringen. Da gibt es verschiedene Möglichkeiten. Hat Vorhand die Pik-Acht und die Pik-Neun, so muss er danach trachten, dass sein

Partner seine Karten der Pik-Farbe auf eine andere Farbe abwerfen kann. Wenn dies gelungen ist, zieht Vorhand zunächst die Pik-Acht. Der Spieler bleibt mit der Pik-Sieben drunter. Dann zieht Vorhand die Pik-Neun, der Spieler muss mit der Pik-Zehn darübergehen. Der Stich fällt also an ihn. Er hat das Spiel verloren!

Sitzen Pik-Acht und Pik-Neun in verschiedenen Händen, muss der Spieler in Mittelhand gebracht werden, damit Hinterhand zum Stechen kommt. Er spielt dann die Pik-Acht aus. Gibt der Alleinspieler seine Pik-Zehn, so gibt Vorhand die Pik-Neun. Der Spieler muss den Stich nehmen. Er hat sein Spiel verloren. Gibt der Alleinspieler auf die angespielte Pik-Acht die Pik-Sieben, wirft Vorhand eine hohe Pik-Karte zu und übernimmt den Stich. Weil er ja die Pik-Neun in der Hand hat, versucht er jetzt, seinem Partner Gelegenheit zum Abwerfen seiner restlichen Pik-Karten zu geben. Dann spielt er seine Pik-Neun aus, der Alleinspieler muss mit der Pik-Zehn darübergehen. Wieder ist sein Null-ouvert verloren. Wir wollen uns nun einen solchen Spielverlauf genau betrachten. Meier hat gegeben. Die Karten sind folgendermaßen verteilt:

Lehmann hat:

Kreuz-Bube, Karo-Bube, Kreuz-Neun, Kreuz-Acht, Kreuz-Sieben, Pik-Zehn, Pik-Sieben, Karo-Neun, Karo-Acht, Karo-Sieben.

Krause hat:

Pik-Bube, Kreuz-Dame, Pik-König, Pik-Dame, Herz-König, Herz-Neun, Herz-Acht, Herz-Sieben, Karo-Ass, Karo-König.

Meier hat:

Kreuz-Ass, Kreuz-Zehn, Kreuz-König, Herz-Ass, Herz-Dame, Pik-Ass, Pik-Neun, Pik-Acht, Karo-Zehn, Karo-Dame.

Im Skat liegen: **Herz-Bube, Herz-Zehn**.
Meier und Krause sind mit ihrem Blatt nicht zufrieden. Lehmann hingegen sieht, dass er einen „Null“ in der Hand hält. Weil Krause und Meier passen, bekommt Lehmann das Spiel für achtzehn. Er kann also gut einen Null (dreiundzwanzig) spielen, hofft aber, sein lückenhaftes Pik verbessern zu können. Er nimmt den Skat auf, den er überhaupt nicht gebrauchen kann und deshalb gleich wieder weglegt. Er riskiert nun doch lieber keinen Null-ouvert, sondern spielt Null. Da er selbst am Ausspielen ist, ordnet er erst einmal seine beiden Buben in die Farben ein (beim Null sind ja, wie wir bereits wissen, die Buben nicht Trumpf). Auch die beiden Gegner ordnen ihre Buben und Zehnen ein. Lehmann zieht eine „sichere“ Karte, also etwa die Karo-Sieben oder die Kreuz-Sieben. Er hat die Kreuz-Sieben hingelegt. Krause geht mit seiner einzigen Kreuz-Karte, der Dame, drüber. Meier übernimmt mit dem Kreuz-Ass oder dem Kreuz-König. Der Stich gehört ihm. Wenn

Meier jetzt eine Herz-Karte auf den Tisch legen würde, hätte Lehmann sein Spiel gewonnen, denn er hat ja kein Herz im Blatt und würde dann natürlich seine lästige Pik-Zehn abwerfen. Meier bringt aber nicht Herz, sondern Kreuz, und zwar den König. (Mit dem Kreuz-Ass übernahm er den Stich). Lehmann bleibt mit dem Kreuz-Buben drunter. Krause, der kein Kreuz mehr hat, wirft den Pik-König weg.

„Aha", denkt Meier – „Mein Partner wirft Pik ab. Da werde ich gleich nochmals Kreuz spielen, damit Krause weiter abwerfen kann!" Meier zieht also die Kreuz-Zehn. Lehmann gibt die Kreuz-Neun zu, Krause wirft die Pik-Dame ab. Was nun? Kreuz kann Meier nicht mehr bringen, weil er keines mehr hat. In der Hoffnung, dass Krause seine Pik-Karten losgeworden ist, spielt Meier jetzt seine Pik-Acht. Lehmann bleibt mit der Pik-Sieben drunter. Krause, der ja noch den Pik-Buben hat, übernimmt mit diesem. Jetzt muss er versuchen, seinen Partner wieder ans Spiel zu bringen. Mit Karo geht es nicht, denn da hat er die beiden höchsten. Also zieht er einen kleinen Herz, die Herz-Sieben. Meier übernimmt mit der Herz-Dame. Er hofft, dass Lehmann den Herz-König hat und mit diesem übernehmen muss. Dann wäre der Null für Meier und Krause gewonnen. Aber Lehmann hat kein Herz. Er wirft schleunigst seine lästige Pik-Zehn weg. Und jetzt kann er seine Karten hinlegen. Er hat den Null gewonnen! Selbst wenn er

einen Null-ouvert gespielt hätte, bei dieser für ihn günstigen Sitzung wäre sein Spiel nicht umzuwerfen gewesen.
Jetzt noch einmal das Spiel, diesmal aber mit anderer Kartenverteilung.
Lehmann hat dieselben Karten wie zuvor.
Krause hat:

Pik-Bube, Kreuz-Dame, Pik-Dame, Herz-König, Herz-Neun, Herz-Acht, Herz-Sieben, Karo-Ass, Karo-König, Karo-Dame.

Meier hat:

Kreuz-Ass, Kreuz-Zehn, Kreuz-König, Pik-Ass, Pik-König, Pik-Neun, Pik-Acht, Karo-Zehn.

Wieder zieht Lehmann seine Kreuz-Sieben. Krause geht mit der Kreuz-Dame darüber. Meier übernimmt mit seinem Kreuz-König. Wenn er jetzt seine „blanke" Karo-Zehn auf den Tisch legt, gewinnt Lehmann sein Spiel, denn er bleibt mit einem kleinen Karo drunter. Krause muss übernehmen. Karo kann er nicht wieder anrühren, denn dann kommt er nicht los, weil er die drei höchsten Karos in der Hand hat. Bringt er Herz, wirft Lehmann darauf seine Pik-Zehn weg, weil er ja kein Herz zum Bedienen hat. Nehmen wir also an, Meier zieht nicht Karo, sondern bringt wieder Kreuz, und zwar erst mal die Zehn. Lehmann bleibt mit der Kreuz-Neun drunter. Krause wirft die Pik-Dame ab. Jetzt spielt Meier auch noch sein Kreuz-

Ass. Lehmann bleibt mit dem Kreuz-Buben drunter. Krause wirft den Pik-Buben ab. Jetzt zieht Meier die Pik-Acht. Lehmann bleibt mit der Pik-Sieben drunter. Krause wirft irgendeine Karte dazu, ganz gleich, welche. Jetzt kommt Meier mit der Pik-Neun. Lehmann muss mit seiner Pik-Zehn darüber gehen. Der Stich fällt an ihn, er hat seinen Null verloren!

Wie aber sieht nun ein fast sicherer Null-ouvert aus? Krause hat einen solchen in der Hand. Null kann er nicht mehr spielen, weil er weiter als bis dreiundzwanzig gereizt hat. Nach Aufnahme des Skats und nach dem Wegdrücken zweier Karten hat er:

Kreuz-Neun, Kreuz-Sieben, Pik-Acht, Pik-Sieben, Herz-Neun, Herz-Sieben, Karo-Ass, Karo-Bube, Karo-Neun, Karo-Sieben.

In Kreuz, Pik und Herz kann ihm nichts geschehen. In Karo jedoch ist er zu packen, falls einer der Gegner alle übrigen vier Karo-Karten gegen ihn hat! Ist aber bei einem Gegner ein Karo, dann können ihm die übrigen drei Karos beim anderen Gegner nicht mehr gefährlich werden. (Beim Null-Spiel gibt es von jeder Farbe acht Karten, weil ja die Buben einrangieren.) Nehmen wir also diesen ungünstigen Fall an, dass die vier Karos in einer Hand dagegen sitzen.

Wieder ist Lehmann der Spieler. Diesmal ist Krause Vorhand. Lehmann muss seine Karten offen hinlegen, denn er spielt ja Null-ouvert, was bedeutet, dass der Spieler seine

Karten sofort aufdecken muss. (Die Gegner decken ihre Karten jedoch nicht auf!) Meier sieht nun sofort die schwache Stelle in Lehmanns Null-ouvert, denn er selbst hat gar kein Karo. Er muss also seinen Freund Krause ans Spiel bringen. Er legt die Herz-Acht hin. Lehmann bleibt mit der Herz-Sieben drunter. Krause spielt die Karo-Zehn. Meier wirft ab, Lehmann bleibt mit der Karo-Neun drunter. Jetzt spielt Krause die Karo-Dame. Meier wirft wiederum ab, Lehmann bleibt mit dem Karo-Buben drunter. Und nun spielt Krause den Karo-König. Meier wirft ab. Lehmann muss mit seinem Karo-Ass den Stich nehmen. Sein Null-ouvert ist verloren!

Hat einer einen sicheren Null-ouvert, aber in einer Farbe die blanke Acht, dann kann er sein Spiel riskieren, falls er in Vorhand ist, also selbst ausspielt. Er zieht dann nämlich sofort die blanke Acht. Es wäre schon ein sehr unglücklicher Zufall, wenn einer seiner Gegner sämtliche Karten in dieser Farbe dagegen hätte. Ein Gegner kann nun zwar mit der Sieben drunter bleiben, aber der andere muss den Stich mit einer höheren Karte übernehmen.

Und warum geht das nicht geradeso gut, wenn der Spieler in Mittel- oder Hinterhand sitzt? Er muss ja sein Blatt aufdecken. Seine Gegner erspähen die schwache „Acht". Sie bemühen sich nun, so zu spielen, dass ein Gegner alle Karten in dieser Farbe abwerfen kann. Ist dies geschehen, spielt der andere Gegner seine Sieben. Der Spieler muss

mit der Acht draufgehen. Er bleibt auf dem Stich sitzen. Sein Null-ouvert ist verloren!
Mit einer solchen blanken Acht in irgendeiner Farbe kann der Spieler aber Null-Hand spielen. D.h. er nimmt den Skat nicht auf. Das Spiel zählt dann, falls er gewinnt, fünfunddreißig. Bei Null-Hand braucht er ja nicht aufzudecken. Er hat also die Chance, seine blanke Acht auch dann loszuwerden, wenn er nicht selbst am Ausspielen ist.
Und wie steht es mit der „Revolution"? Sie entsinnen sich, das war ein Null, der bis zweiundneunzig gereizt werden darf. Der Spieler muss dann, ohne den Skat aufgenommen zu haben, sein Blatt sofort auf den Tisch legen. Und nicht nur das – seine Gegner dürfen ihre eigenen Karten untereinander austauschen. Ist auch dann der Spieler nicht „umzulegen", hat er seine Revolution gewonnen. Eine sichere Revolution kann so aussehen:

Pik-Zehn, Pik-Neun, Pik-Acht, Pik-Sieben, Herz-Neun, Herz-Sieben, Karo-Dame, Karo-Zehn, Karo-Acht, Karo-Sieben.

Probieren Sie selbst aus: verteilen Sie die übrigen Karten, wie Sie wollen – der Spieler ist nicht zu packen!
Wie verhalten wir uns beim Null, der ja bestimmt schwache Stellen hat? Da zeigt ein Gegner am besten sofort seine kürzeste Farbe, nämlich die, von der er nur ein Blatt hat, höchstens zwei Karten. Angenommen, Meier zieht seinen blanken Kreuz-König. Lehmann übernimmt mit dem

Kreuz-Ass, wenn er's hat. Krause, der Null-Spieler, gibt seinen höchsten Kreuz, etwa die Zehn, dazu. Sieht Lehmann nun an seiner Karte, dass Krause in Kreuz wahrscheinlich zu legen ist, dann spielt er gleich die Sieben, falls er sie hat. Krause muss mit der Acht drübergehen. Meier, der kein Kreuz mehr hat, wirft ab. Und schon hat Krause seinen Null verloren! Nimmt Lehmann aber an, dass bei Meier noch ein Kreuz sitzt, so spielt er nicht sofort die Kreuz-Sieben, sondern erst noch etwa die Dame. Darauf kann Meier nun seinen letzten Kreuz wegwerfen. Jetzt kommt Lehmann mit der Sieben. Wieder hat Krause seinen Null verloren.

Wenn Meier aber aus seiner Karte sieht, dass mit Kreuz nichts zu machen ist, weil alle niedrigen Kreuze beim Spieler sitzen, dann geht er auf Meiers Angebot nicht ein, sondern zeigt, nachdem er den ersten Stich übernahm, nun seinerseits die Farbe, in der er glaubt, den Spieler umwerfen zu können. Hat er eine solche nicht, spielt er Kreuz weiter, weil er sehen will, was sein Partner nun auf Kreuz wegwirft. Er kann so lange Kreuz spielen, wie der Gegner noch Kreuzkarten hat. Meier hat derweil immer weiter abgeworfen, vielleicht alle seine Karos. Lehmann hat die Karo-Acht und die Karo-Neun. Er spielt nun eine von den beiden. Beim ersten Stich muss er mit der Zehn übernehmen. Verloren!

Es ist eine alte Erfahrung, dass es für jeden Spieler beim Null-Spiel selten, ja fast nie ein Fehler ist, wenn er am Anspiel ist oder ans Spiel gebracht wurde, eine „Acht“ zu spielen, nicht jedoch eine „Sieben“. Sehr häufig ist nämlich der Einzelspieler beim Null-Spiel gezwungen, eine „blanke Neun“ zu halten, die er sobald er Gelegenheit hat, auf eine andere Farbe abwirft, was er aber nicht kann, wenn ihm gleich die „Acht“ von dieser Farbe vorgesetzt wird, und der andere Gegner die Sieben führt. – Der Spieler, der eine „Sieben“ führt, darf diese nicht ohne weiteres bringen, da ja nicht feststeht, ob sein Partner auch die „Acht“ führt.

Der Ramsch

Mitunter kommt es vor, dass die Karten derart verteilt sind, dass keiner ein auch nur halbwegs aussichtsreiches Spiel in der Hand hat. Meier besieht sich kopfschüttelnd sein Blatt und sagt: „Ich passe“. Lehmann, der nicht besser dran ist, verzichtet ebenfalls aufs Reizen. Krause wird sich jetzt zwar sagen: „Wenn Meier und Lehmann kein Blatt haben, wenn auch meine Karten keinen Spielerfolg versprechen, dann müsste eigentlich noch etwas Gutes im Skat liegen“. Aber darauf mag er sich dann doch nicht verlassen. Er bietet also nicht achtzehn, sondern passt ebenfalls.

Was geschieht jetzt? Werfen die Partner, ihre Karten zusammen und geben aufs Neue, weil kein Spiel zustande kam? Ja, nach der Skatordnung gibt der nächste Karten. Niemals darf in einem solchen Fall vom gleichen Kartengeber noch einmal gegeben werden. Vielerorts wird aber dann Ramsch* gespielt. Dabei kommt es darauf an, zum Schluss möglichst wenig Augen in seinen Stichen zu haben. D.h.: Wer die meisten Augen hat, ist Verlierer. Der Ramsch ist also eigentlich eine Strafe für den, der sich trotz eines halbwegs brauchbaren Blattes nicht zu reizen getraut. Oder anders ausgedrückt: das relativ beste Spiel bringt wahrscheinlich den Verlust mit sich. Beim Ramsch sind die Buben die höchsten Trümpfe. Die jeweils ausgespielte Farbe muss bedient werden. Wer nicht bedienen oder übernehmen kann, wirft ab oder sticht mit einem Buben. Vorhand zieht also eine Karte. Am gescheitesten ist es, wenn er eine solche nimmt, die er blank hat oder nur einmal besetzt. Ist er nämlich eine Farbe losgeworden, kann er, wenn diese wieder auf den Tisch kommt, hohe Karten in der Fehlfarbe darauf abwerfen.

Meier, der am Ausspielen ist, legt die Pik-Neun hin, die er blank hat. Lehmann hat die Pik-Acht, Krause die Pik-Sieben. Es wäre nun sehr unklug, wollten beide ihre niedrigen Pik-Karten wegwerfen, denn dann säßen sie mit den hohen da. Kommt Lehmann beispielsweise später mit dem Pik-König, muss Krause mit der Pik-Zehn übernehmen.

* Ramsch ist kein offizielles Spiel des Deutschen Skatverbandes.

Und weil Meier ja kein Pik mehr hat, wirft er dann ein Ass in der Fehlfarbe zu. Da ist es schon besser, wenn Krause gleich mit der Pik-Zehn übernimmt. Das bringt ihm zwar unerwünschte Augen ein, wird aber immer noch billiger, als wenn er später auf seiner Zehn sitzen bleibt und ein Fehlfarben-Ass dazunehmen muss. Wer also beim Ramsch zunächst darauf aus ist, keine Augen einzuheimsen, und demgemäß immer möglichst mit niedrigen Karten unter dem Angebot eines seiner Gegner bleibt, der sitzt nachher auf den hohen Karten fest und hat im Handumdrehen so viele Augen in seinen Stichen, dass er der Verlierer ist.

Beim Ramsch gibt es keine Partnerschaft, jeder spielt für sich allein! Und wie ist es nun mit den Buben? Oft liegt einer im Skat, wenn es nicht gar zwei sind. Das ist ja erklärlich, denn gerade der Mangel an hohen Trümpfen ist die Voraussetzung für ein Ramsch-Spiel, bei dem alle Spieler passen. Man kann sich also nicht unbedingt darauf verlassen, dass man Asse und Zehnen, die einem in der Hand übrig geblieben sind, auf die Buben loswird, die ja einmal auf den Tisch kommen müssen. Hat ein Spieler den ältesten Buben, so spielt er ihn am besten bald aus, ehe einer der Gegenspieler seinen Herz- oder Pik-Buben billig verstochen, d.h. mit ihm einen Stich übernommen hat, der wenig Augen enthält, und den er nicht mehr bedienen konnte. Kommt der älteste Bube rechtzeitig auf den Tisch, so hat der Ausspieler die Chance, dass jeder Gegner einen

Buben dazuwirft. Das sind dann nur sechs Augen für denjenigen, dem der Stich gehört.
Außerdem muss jeder Spieler aufpassen, dass die Gegner nicht ihre kurzen Farben loswerden, denn in einem solchen Falle würde es ihm passieren, dass er sogar auf niedrige Karten dicke Stiche übernehmen muss. Zum Beispiel: Kreuz ist zweimal gespielt worden. Lehmann übernimmt einen Kreuzstich und wechselt die Farbe. Krause kann drunterbleiben, Meier, der kein Kreuz mehr hat, entledigt sich einer hohen Karte in der Fehlfarbe. Das ist natürlich schlecht. Da ist es schon besser, den ersten Kreuzstich zu übernehmen und dann gleich mit niedriger Kreuz-Karte wiederzukommen. Wer sich also nicht scheut, auch augenreiche Stiche am Anfang zu übernehmen, der steht am Ende gut da!
Eine Strafe ist der Ramsch für die so genannten „Maurer“. Das sind diese unfairen Spieler, die nur ganz sichere Spiele reizen, im Übrigen aber von vornherein passen, in der Hoffnung, den Alleinspieler dann hereinzulegen. So ein Maurer, der nicht einmal achtzehn bietet, rechnet ja nicht damit, dass die beiden anderen Spieler passen. Geschieht dies aber, so sitzt der Maurer mit seinem relativ guten Spiel da und wird höchstwahrscheinlich den Ramsch dadurch verlieren, dass er am Ende die meisten Augen hat.
Statt des einfachen Ramsches wird häufig auch der „Schiebe-Ramsch“ gespielt. Zuerst wird gefragt, ob einer

der Spieler einen Grand-Hand spielen will, denn ein solches Spiel geht in der Regel immer vor. Wird diese Frage allgemein verneint, nimmt Vorhand den Skat auf und tauscht ihn gegen seine beiden höchsten Karten ein, oder gegen die, die ihm gefährlich erscheinen.
Er kann natürlich auch den Skat, wenn dieser sehr hoch ist, wieder weglegen. Gleichviel, die beiden weggelegten Karten schiebt er verdeckt Mittelhand zu. In der Regel wird bei Skatspielern ausgemacht, dass Buben nicht weitergeschoben werden dürfen, selbst wenn man sie im Skat gefunden haben sollte. Es gibt jedoch Ausnahmen und in diesem Falle muss man vor Beginn der Skatrunde feststellen, wie gespielt werden soll. Der Ausspieler nimmt sie auf, tauscht sie entweder gegen zwei unbequeme Karten des eigenen Spiels aus, oder besieht sie sich und gibt sie verdeckt an Hinterhand weiter. Oder er tauscht eine Karte aus und nimmt dafür auch nur eine aus den ihm zugeschobenen Karten an sich. Hinterhand darf nun ebenfalls austauschen. Endlich werden die beiden Karten, die er nicht haben will, abgelegt. Am Ende des Ramsch- oder Schiebe-Ramsch-Spiels zählt jeder Spieler seine in den Stichen enthaltenen Augen zusammen. Es entsteht öfters eine Debatte, wer die gedrückten beiden Karten zugesprochen erhält. In der Regel bekommt derjenige, der sowieso die meisten Augen hat, auch noch den Blinden (die gedrückten beiden Karten) zugesprochen. Es gibt jedoch auch Skat-

spieler, die der Meinung sind, wer den letzten Stich macht, muss den Blinden an sich nehmen. Auch hier wieder muss man vor Beginn des Spieles mit seinen Partnern absprechen, welche Regelung man treffen will. Angenommen, Meier hat zweiundachtzig, Lehmann hat zwölf. Krause hat sechsundzwanzig. Meier hat also den Ramsch verloren. (Die im Skat enthaltenen Augen werden immer dem Verlierer zugerechnet.) Meier bekommt also zweiundachtzig Minuspunkte angeschrieben.

Ganz schlimm ist es, wenn einer der Spieler beim Ramsch überhaupt keinen Stich erhalten hat. Er ist dann, wie es im Skatjargon heißt, „Jungfrau". Dann bekommt der Verlierer seine Augen doppelt angeschrieben. Hätte also Meier 82 Minuspunkte, Lehmann wäre Jungfer, Krause hätte 38 Augen in seinen Stichen, so müsste Meier sich zweimal 82 Minuspunkte = 164 anschreiben lassen.

Es gibt noch eine andere Art, den Schiebe-Ramsch zu verteuern. Wenn ein Spieler den Skat oder die ihm zugeschobenen zwei Karten nicht aufnimmt und diese unbesehen weitergibt, verdoppelt sich die verlorene Augenzahl. Wenn zwei Spieler geschoben haben, vervierfacht sich die Augenzahl. Sehr wahrscheinlich hat der Schiebe-Ramsch daher seinen Namen.

Wann ein Schiebe-Ramsch gespielt wird, bleibt der Abmachung der einzelnen Spieler überlassen. Meistens entsteht eine Runde Schiebe-Ramsch nach einem 60/60 Spiel, nach einem verlorenen Grand-Hand, oder auch am Ende eines Skatabends. Gerade bei der Frage, wann Schiebe-Ramsch gespielt wird, treten wohl die häufigsten Ansichten auf. Es gibt Skatspieler, die generell ablehnen, Schiebe-Ramsch zu spielen.

Manchmal wird auch so gespielt, dass die „Jungfrau“ zwar Stiche haben darf, es dürfen aber keine Augen darin enthalten sein. Das ist eine Sache der jeweiligen Vereinbarung. Nun hat auch der „Maurer“, der auf sein relativ hohes Blatt passte, noch eine Chance. Er kann nämlich einen „Durchmarsch“ versuchen. Besonders beim Schieberamsch hat er damit oft Glück. Er drückt dann nämlich keine hohen Karten weg, sondern niedrige, in der Hoffnung, sämtliche Stiche an sich zu bringen. Gelingt es ihm, alle Stiche zu übernehmen, also einen Durchmarsch zu machen, dann bekommt er hundertzwanzig Pluspunkte angeschrieben. (Wir wissen ja, dass alle im Spiel enthaltenen Augen in ihrer Summe einhundertzwanzig ergeben!)

Freilich muss derjenige, der einen Durchmarsch versucht, sehr geschickt vorgehen. Merken die Mitspieler nämlich seine Absicht, so werden sie alles dransetzen, ihm einen Stich abzunehmen. Dann hat er den Durchmarsch nicht geschafft, bleibt auf seinen hohen Stichen sitzen, und diese werden unter Minus verbucht.

Der Durchmarsch-Spieler zieht also nicht gleich seine Asse, sondern, wenn er von einer Farbe Ass, Zehn und

König hat, erst mal den König. Und mit den Buben, die er bestimmt hat, kommt er auch nicht gleich heraus, zumindest nicht mit zweien hintereinander. Er kann ja abwarten; die Stiche, die ihm die Buben einbringen, sind ihm ohnehin sicher. Klug ist es, beim Durchmarsch die längste Farbe anzuspielen. Da kann vielleicht einer nicht mehr bedienen und wirft natürlich Asse in den Fehlfarben ab. Die sind nun also weg und können keine Stiche mehr machen. Dadurch werden die Zehnen des Durchmarsch-Spielers hoch, und das ist ja genau das, was er will, denn er darf keinen Stich abgeben. Bis seine Gegenspieler gemerkt haben, worauf er hinaus will, muss er möglichst so manipuliert haben, dass die hohen Karten der Gegenspieler bereits abgeworfen sind, sodass diese nun beim besten Willen keinen Stich mehr übernehmen können. Aber Mut gehört dazu, denn – wie gesagt – ein einziger Stich bei den Gegenspielern, und der Durchmarsch ist missglückt. Und das wird dann sehr teuer für den Verlierer!

Sie sehen, dass der Ramsch eine ähnliche Sonderstellung im Skat einnimmt wie der Null. Und jetzt haben Sie schon begriffen, warum der Skat mit allen seinen Möglichkeiten so reizvoll ist, dass er das meistgespielte Kartenspiel Deutschlands geworden ist.

Das Grand-Spiel

Beim Erlernen des Reizens haben wir bereits ein paar Grand-Spiele durchgeführt. Jetzt wollen wir uns eingehend mit diesem Spiel, befassen bei dem – wie Sie sich erinnern werden – die Buben Trumpf sind, während die Farben bedient werden müssen. Ein gutes Grand-Blatt sollte also Buben aufweisen, sowie Asse und Zehnen. Auch ohne Buben lässt sich ein Grand gewinnen, wenn das übrige Blatt „voll" ist, also Asse, Zehnen und möglichst auch noch Könige in geschlossener Reihenfolge aufweist. Allerdings kann man mit einem Grand ohne Buben auch jammervoll „baden gehen". Ein solches Spiel wollen wir jetzt einmal miteinander durchführen. Sie sitzen auf Krauses Platz und halten in der Hand:

Kreuz-Ass, Kreuz-Zehn, Kreuz-König, Pik-Ass, Pik-Zehn, Herz-Ass, Herz-Zehn, Karo-Ass, Karo-Zehn, Karo-König.

Fürwahr, ein stolzes Blatt! denken Sie. Zweiundneunzig Augen habe ich in der Hand, da kann gar nichts schief gehen! Sie verzichten also darauf, den Skat aufzunehmen und spielen Grand-Hand. Das Spiel kann gut gehen, es kann aber auch verloren werden. Auf den Sitz der übrigen Karten kommt es an. Im Skat liegen Pik-Sieben und Herz-Dame.

Lehmann hat:

Pik-Bube, Karo-Bube, Kreuz-Dame, Kreuz-Neun, Pik-König, Pik-Dame, Pik-Neun, Pik-Acht, Karo-Acht, Karo-Sieben.

Meier hat:

Kreuz-Bube, Herz-Bube, Kreuz-Acht, Kreuz-Sieben, Herz-König, Herz-Neun, Herz-Acht, Herz-Sieben, Karo-Dame, Karo-Neun.

Bei diesem Kartensitz geht Ihr schönes Grand-Spiel unweigerlich verloren, ob Sie es glauben oder nicht. Ganz gleich, wer am Anspielen ist. Nehmen wir an, Lehmann sei Vorhand. Er spielt Ihnen eine Karte seiner längsten Farbe an, also Pik. Er bietet die Pik-Neun. Sie übernehmen mit dem Pik-Ass. Meier, der kein Pik hat, in dieser Farbe also nicht bedienen kann, sticht mit seinem Herz-Buben. Dreizehn Augen haben die Gegner also bereits unter Dach und Fach. Jetzt sagt sich Meier: Ich habe eine lange Herz-Farbe, vielleicht kann mein Mitspieler stechen. Gegen die Regel, dass man dem Freunde möglichst kurz anspielen soll, bringt er also jetzt Herz auf den Tisch, und zwar den König. Tatsächlich hat Lehmann kein Herz. Er überlegt: Wenn mein Mitspieler das Herz Ass hätte, so wäre es gleich von ihm angeboten worden. Er hat es nicht, also sitzt es bei unserem Gegner. Ich werde also auf alle Fälle mit einem Buben stechen, denn Herz habe ich ja nicht. (Hätte

er eine Herz-Karte, so müsste er selbstverständlich bedienen.) Er geht mit seinem Karo-Buben auf den Herz-König. Sie müssen Ihre schöne Herz-Zehn zugeben. Ihre Gegenspieler haben nun schon neunundzwanzig Augen in ihren beiden Stichen.
Jetzt ist Lehmann wieder am Spiel. Selbstverständlich kommt er wieder mit Pik. Er zieht den König. Sie müssen Ihre Pik-Zehn zugeben. Meier sticht mit dem Kreuz-Buben. Die Gegner haben schon fünfundvierzig Augen. Jetzt kommt Meier wieder mit Herz. Er legt die Herz-Neun auf den Tisch. Und Lehmann, um das Herz-Ass zu fangen, setzt seinen Pik-Buben vor. Sie müssen Ihr Herz-Ass hergeben. Die Gegner haben jetzt neunundfünfzig Augen. Und noch einmal spielt Lehmann Pik. Er weiß ja, dass Pik-Ass, Pik-Zehn und Pik-König schon gefallen sind. Und die vier Buben ebenfalls. Seine Pik-Dame ist also „hoch", d.h. sie kann nicht überboten werden. Und eingestochen kann sie auch nicht werden, denn die Buben sind ja weg. Lehmann bietet Ihnen also seine Pik-Dame an. Sie müssen abwerfen, und geben den Karo-König oder den Kreuz-König. Lehmann gibt seine Karo-Dame dazu. Und damit ist „der Sack zugebunden", d.h. Ihre Gegner haben das Spiel mit fünfundsechzig Augen gewonnen, ehe Sie überhaupt nur einen einzigen Stich heimgebracht haben! Welch ein Pech! Immerhin haben Sie aus Ihrem Unglück eine grundlegende Erkenntnis gewonnen, nämlich diese: auf den Sitz der

Karten kommt es an. Oder, anders ausgedrückt; Gewinn und Verlust hängen in hohem Maße davon ab, wie die übrigen Karten bei den Gegnern verteilt sind. Übrigens verlieren Sie das eben durchgeführte Spiel auch dann, wenn Sie selbst in Vorhand, also am Ausspielen sind. Wahrscheinlich bringen Sie dann erst mal ein paar Stiche heim, aber irgendwann müssen Sie ja die Farben anfassen, die beim einen und anderen Gegner nicht vorhanden sind. Dann wird gestochen. Und der Spielverlauf ist so, wie oben demonstriert wurde.

Auch vor folgendem Grand, der auf den ersten Blick bestechend aussieht, warne ich, sofern Sie nicht in Vorhand sitzen. Sie halten in der Hand:

Pik-Bube, Herz-Bube, Kreuz-Ass, Kreuz-Zehn, Kreuz-Dame, Herz-Zehn, Karo-Ass, Karo-Zehn, Karo-König, Karo-Sieben.

Also kein Pik. Sie reizen Grand, in der Hoffnung, Ihre blanke Zehn in Herz dann wegdrücken zu können oder sogar das Ass dazu zu finden. Im Skat liegen Herz-Dame und Kreuz-Sieben. Sie behalten die Kreuz-Sieben und legen Herz-Zehn und Herz-Dame weg. Jetzt wird Ihnen das Herz-Ass angespielt. (Beim Grand gilt die Regel, dass man dem Spieler Asse anbietet. Kann er bedienen, ist es gut. Hat er die Farbe nicht, ist es fast noch besser. Er muss dann einen Buben opfern und stechen, denn so ein Ass kann er ja nicht vom Tisch gehen lassen, zumal er befürchten muss, dass ihm dann immer weiter die Farbe, die er nicht hat, vorgespielt werden würde.) Sie gehen also mit Ihrem Pik-Buben oder dem Herz-Buben übers Ass. Der Stich gehört Ihnen. Sie sind am Ausspielen und ziehen das Karo-Ass. Einer der Gegenspieler hat kein Karo. Er sticht mit dem Karo-Buben. Und jetzt hat er noch den Kreuz-Buben, kann also Ihren Pik-Buben, der ja unter Kreuz rangiert, „abholen". Und jetzt kommen die Gegner Ihnen unentwegt mit Pik und Karo. Sie müssen abwerfen, weil Sie ja keinen Buben mehr zum Stechen haben. Können Sie sich vorstellen, wie der Grand Ihnen kaputtgemacht wird? Sie sollten also, besonders als Anfänger, einen Grand mit nur zwei Farben „von oben herunter" nur dann riskieren, wenn Sie die Buben abholen können, oder allenfalls, wenn Sie in Vorhand sitzen und eine geschlossene Karte haben. In diesem Falle spielen Sie keinen Buben an, sondern beginnen mit dem Ass einer Ihrer langen Farben. Dann dürfen Sie unbesorgt Ihre langen Farben abspielen, niemand kann Ihnen mit den Fehlfarben Ärger bereiten, weil ja keiner übernehmen kann, wenn die Buben aus dem Spiel sind.

Haben Sie also den ältesten Buben, den Herz- und Karo-Buben, dann kann Ihnen beim Zwei-Farben-Grand nichts geschehen, gleichviel, ob Sie am Ausspielen sind oder nicht. Spielen Sie selbst aus, dann holen Sie natürlich sofort den Buben ab, der noch „draußen" ist. Sie ziehen den ältesten, der Pik-Bube muss fallen. Und jetzt ist Ihr

Spiel schon gewonnen. Sie spielen seelenruhig von oben runter. Die Gegner bekommen graue Haare dabei, denn – wenn sie zuerst auch nur Luschen wegwerfen – bald müssen sie Augen hergeben. Sie schaffen es nicht einmal, aus dem Schneider zu kommen. Und wenn Sie nicht am Ausspielen sind, kann auch nichts passieren. Kommt ein Gegner mit der Farbe, die Sie haben, gehen Sie mit Ihrem Ass darüber. Schlimmstenfalls hat der andere Gegner die Farbe nicht und sticht, weil der Bube, der allein nicht bei Ihnen sitzt, in seiner Hand ist. Jetzt kann er kommen, wie er will. Sie übernehmen oder stechen. Und nun kann wiederum nichts mehr schief gehen.

Diese kleine Lektion im Grand-Spiel mag genügen. Alles Übrige lernen Sie in der Praxis, wie ich Ihnen überhaupt nicht warm genug empfehlen kann, guten Skatspielern zuzusehen. Mit den Kenntnissen, die Sie aus diesem Buch gewinnen, und mit der praktischen Anschauung dazu, werden Sie es bald zu der gewünschten Perfektion bringen. Sie dürfen also wagen, sich als Partner anzubieten. Dass Sie ab und zu noch Fehler machen, kann freilich nicht ausbleiben. Diese Fehler sind dann das Lehrgeld, das ja schließlich jeder einmal bezahlen musste. Und wenn die Mitspieler mit Ihnen schelten – nehmen Sie es gelassen hin. Auch mit den Mitspielern wurde einst geschimpft, dessen dürfen Sie sicher sein!

Das Farbenspiel

Beim Farbenspiel kommt es darauf an, eine Anzahl Trümpfe in der Hand zu halten und dazu eine einigermaßen gute Nebenkarte. Es genügt z.B. nicht für ein Kreuz-Spiel, dass Sie etwa sechs gute Trümpfe haben und dazu in den Fehlfarben vier Luschen. Auf die Luschen geben Sie unter Umständen so viele Augen ab, dass Sie allein dadurch schon das Spiel verlieren. Und jetzt stellen Sie sich nur vor, dass die fünf Trümpfe, die ja noch „draußen" sind (elf Trümpfe hat das Farbenspiel) alle in einer Hand gegen Sie sitzen! Sie bekommen dann sicher ein Contra (auf das wir später zu sprechen kommen), und nun können Sie sich drehen und wenden, wie sie wollen – das Spiel geht ins Auge!
Ein wirklich gutes Farbenspiel sieht so aus:

Pik-Bube, Herz-Bube, Kreuz-Zehn, Kreuz-Dame, Kreuz-Acht, Kreuz-Sieben, Pik-Ass, Pik-Zehn, Herz-Ass, Karo-Acht.

Auch bei schlechter Sitzung ist es kaum zu verlieren. Selbst wenn Sie die blanke Acht in Karo teuer abgeben müssen, d.h. auf Karo-Ass und Karo-Zehn bei den Gegnern, so haben diese damit doch erst einundzwanzig Augen. Und wenn Ihnen auch noch ein Pik-Stich dadurch verloren gehen sollte, dass ein Gegenspieler kein Pik hat und das Pik, das sein Partner Ihnen anbot, und das Sie mit mindestens der Zehn übernehmen mussten, wegsticht, ist noch nichts verloren. Er kann ja nun nicht wieder mit Pik kommen. Spielt er Karo, gehen Sie mit einem Trumpf drauf, etwa mit der Kreuz-Dame. Spielt er Herz, übernehmen Sie mit dem blanken Herz-Ass. Es ist so gut wie ausgeschlossen, dass beim Gegner kein Herz sitzt und dass er sticht. Denn so viele Herzen in einer Hand gegen Sie – das hätte bedeutet, dass der Spieler sein Herz ausgereizt hätte. Auch wenn er nur den ältesten Buben dazu gehabt hätte, also nur „einfach" bis zwanzig hätte reizen können, so hätten Sie ja gewusst: „Aha, da sitzt alles in Herz gegen mich." Und dann hätten Sie entweder nicht weiter gereizt oder aber – was man für gewöhnlich nicht tut, das blanke Herz-Ass gedrückt. Oder, wenn das nicht ging, weil Herz im Skat lag, lieber das Herz-Ass weggelegt und einen kleinen Herz behalten.

Allerdings müssen Sie auf Trumpf einen Stich oder zwei Stiche abgeben. Sie ziehen also den Pik-Buben oder den Herz-Buben, in der Hoffnung, dass einer der Gegner das Trumpf-Ass dazuwirft und der andere dann mit dem ältesten Buben übernimmt, weil er das Ass ja nicht vom Tisch lässt. Aber auch wenn der älteste Bube und das Trumpf-Ass in einer Hand sitzen, geben Sie nicht mehr als zwei Trumpfstiche ab. Probieren Sie es selbst aus.

Ein solches Kreuz-Spiel wie das obige, wird also in jedem Falle ausgereizt werden und kann nur bei allerunglücklichstem Kartensitz oder bei schlechtem Spiel seitens dessen, der Kreuz spielt, verloren gehen. Ein gewisses Risiko ist immer dabei, denn die wirklich „todsicheren" Spiele sind selten. Aber gerade im Risiko liegt der Reiz. Ein Spiel, bei dem der Skatverstand wirklich gebraucht wird, macht mehr Spaß als so eins, das man im Skatjargon als „Kutscher", „Chauffeur", oder „Großmutter" bezeichnet, als eines also, das nicht umzulegen ist.

Schließlich wäre noch ein Wort zu sagen über das Sieben-Trumpf-Spiel, das nämlich sehr gefährlich werden kann, wenngleich es auf den ersten Blick auch verführerisch aussieht. Wie so ein Sieben-Trumpf-Spiel in „die Binsen" gehen kann, will ich im Folgenden demonstrieren:

Der Spieler, der nicht in Vorhand ist, hält in der Hand:

Pik-Bube, Herz-Bube, Kreuz-Zehn, Kreuz-Dame, Kreuz-Neun, Kreuz-Acht, Kreuz-Sieben, Pik-Ass, Pik-Zehn, Pik-Sieben.

Vorhand zieht Pik-König. Der Spieler geht mit dem Pik-Ass drauf. Hinterhand hat kein Pik und sticht mit dem Trumpf-Ass. Die Gegner haben also schon sechsundzwanzig Augen. Derjenige, der den Stich genommen hat, spielt nun seinen einzigen, ihm noch verbliebenen Trumpf, nämlich den Kreuz-König. Er tut das aus zwei Gründen. Einmal will er seinem Partner zeigen, dass er nun keine Trümpfe mehr hat, und außerdem hofft er, dass sein Partner übernehmen kann, um wieder mit Pik zu kommen. Genau so geschieht es. Der Partner geht mit dem Kreuz-Buben darüber, der

Alleinspieler muss einen kleinen Kreuz dazugeben. Das sind vierunddreißig Augen für die Gegner. Jetzt zieht Vorhand seine Pik-Neun. Der Spieler geht mit der Pik-Zehn darüber, in der Hoffnung, dass sein Gegner nicht mehr stechen kann. Der Gegner kann nicht stechen, er wirft irgendwelche Luschen ab. Und jetzt braucht der Spieler nur noch einen Stich in Pik abzugeben, der seinen Gegnern höchstens vierzehn Augen einbringt. Das macht insgesamt achtundvierzig Augen für die Gegner. Dieser Kreuz mit sieben Trümpfen ging also gut.

Nun aber: Dasselbe Spiel, was die Trümpfe betrifft. Und dazu Karo-Dame, Karo-Neun, Karo-Sieben.

Einer der Gegner hat kein Karo. Der Sieben-Trumpf-Spieler muss also drei Stiche in Karo abgeben. Dabei fallen zusammen: Karo-Ass, Karo-Sieben, Pik-Ass. Zweiter Stich: Karo-Zehn, Karo-Neun, Herz-Ass. Dritter Stich: Karo-König, Karo-Dame, Pik-Zehn. Das sind bereits genau sechzig Augen. Und die allein reichen ja schon hin, um, das Spiel verloren sein zu lassen. Außerdem gibt der Spieler bestimmt noch einen oder gar zwei Stiche in Kreuz ab. Also – mit sieben Trümpfen und drei Luschen ist die Sache sehr brenzlig! Ich warne Sie, ein solches Spiel auszureizen. Ein wenig aussichtsreicher ist die Sache, wenn die drei Luschen nicht in einer Farbe vorhanden sind. Hat der Spieler zu den Trümpfen also etwa Pik-Dame, Herz-Neun und Karo-Sieben, so besteht durchaus die Chance, dass er diesen oder jenen Stich billig an seine Gegner loswird oder sogar eine Lusche abwerfen kann, ohne dass die Gegenspieler dabei beträchtliche Augen einheimsen.

Wenn wir uns mit dem Problem des richtigen „Drückens“ befassen, werden wir ausführlich auf die Frage eingehen, ob es ratsamer ist, eine Farbe ganz wegzudrücken und dafür zwei Luschen von einer anderen zu behalten, oder ob man lieber je eine Lusche in den Fehlfarben behält.

Grundsätzlich ist beim Farbenspiel darauf zu achten, dass die Nebenkarte nicht allzu schlecht ist und dass der Alleinspieler immer wieder Trumpf zieht, um endlich mit Trümpfen in der Hand dazusitzen, während bei den Gegenspielern keine mehr sind. Fehlen dem Spieler also etwa das Ass und der Älteste, sowie der dritte Bube, so zieht er erst einmal einen kleinen Trumpf, in der Hoffnung, dass der Älteste und das Ass fallen. Zwar muss er diesen Stich abgeben, aber dafür hat er seine Trümpfe hochgespielt. Kommt er, wenn er wieder am Spiel ist, mit dem zweiten Buben, ist ihm der nächste Stich sicher. Der Spieler muss also den Mut haben, die Gegner zum Übernehmen herauszufordern. Der anfängliche Verlust lohnt sich in jedem Falle. Regel: Die kleinen Karten locken die hohen heraus!

Das Weglegen oder „Drücken“

Unsere Skatfreunde Meier, Lehmann und Krause haben sich wieder einmal „gereizt“. Das Spiel, ein Farbenspiel, ist an Lehmann gefallen. Er nimmt den Skat auf, um dafür zwei Karten zu drücken. Das hört sich einfacher an, als es ist, denn das Drücken ist eine kleine Wissenschaft für sich. Natürlich will Lehmann seine Karte möglichst von Luschen säubern. Nun hat er nach Aufnahme des Skats eine einmal besetzte Zehn im Blatt, sowie zwei Luschen einer anderen Fehlfarbe. Die einmal besetzte Zehn behält der Spieler in keinem Falle, denn sie wird ihm mit großer Wahrscheinlichkeit abgeholt. Nun fragt sich Lehmann, ob er die Sieben zur Zehn behalten soll und dafür eine Lusche in der zweiten Fehlfarbe drückt, oder ob er lieber eine Farbe ganz wegdrückt und dafür zwei Luschen in der anderen behält. Die Entscheidung ist nicht immer leicht. Es gibt Spieler, die darauf schwören; „Eine Farbe ganz wegdrücken!“ Andere behalten lieber je eine Karte in der Fehlfarbe, weil sie meinen, dass sie wenigstens eine davon billig loswerden können. Lehmann, der beim Reizen gut aufgepasst hat, stellt nun folgende Überlegung an: „Meier hat – nach seinem Reizen – wahrscheinlich ein Pik-Spiel. Das heißt, er wird mir immer wieder Pik vorspielen, weil dies seine längste Farbe ist. Drücke ich nun meine beiden Pik-Luschen weg, so muss ich entweder abwerfen oder stechen. Stechen ist schlecht, denn das schwächt mich in Trumpf. Ich drücke also am besten eine Pik-Lusche und die einmal besetzte Karo-Zehn weg. Dann brauche ich nur einmal Pik zu bedienen. Es ist zu hoffen, dass auch Krause ein Pik im Blatt hat (hoffentlich kein allzu hohes), damit ich die einzige Pik-Karte möglichst billig abgebe. Den kleinen Karo, den ich dann auch noch habe, werde ich irgendwie abwerfen können.“ Behielte Lehmann seine beiden Pik-Luschen und drückte dafür die beiden Karos weg, müsste er zweimal Pik bedienen. Und dann bestünde die Gefahr, dass Krause hohe Karten „schmieren“ würde, weil er nach Lage der Dinge Pik wahrscheinlich nur einmal bedienen kann.

Das Drücken ist also einmal eine Sache der Überlegung, andererseits aber auch eine des Fingerspitzengefühls. Jeder gute Skatspieler entwickelt im Laufe seiner Praxis nämlich so eine Art sechsten Sinn für die Sitzung der Karten in Händen der Gegner. Mit übernatürlichen Fähigkeiten hat das nichts zu tun, es ist vielmehr die Fertigkeit, aus dem Verhalten der Gegenspieler die richtigen Schlüsse zu ziehen. Fest steht, dass man als Spieler eine einmal besetzte Zehn oder gar eine blanke nicht behalten sollte, es sei denn, man hat ein sehr schwaches Blatt, sodass man sich sagt, macht diese einfach besetzte Zehn keinen Stich, dann verliere ich sowieso. In diesem Falle wird der Spieler einmal riskieren, eine einfach besetzte Zehn stehen zu lassen, aber auch nur in einem solchen Fall. Nun hat man ja aber nicht immer eine solche im Blatt, wodurch dieser

Zwang wegfällt und man weiter gezogene Grenzen zum Drücken hat. Versuchen Sie, einmal die folgenden Fälle selbst zu entscheiden: Lehmann hält nach Aufnahme des Skats neben seinen sechs Trümpfen in der Hand:

Kreuz-König und Kreuz-Dame; Pik-Neun; Karo-Ass, Karo-König und Karo-Sieben.

Welche Karten würden Sie an seiner Stelle weglegen? Die Pik-Neun und den Karo-König? Nein, auf keinen Fall, denn bei der Sitzung Ass, König, Klein macht der König häufig einen Stich. Warum sollte man sich diese Chance also entgehen lassen?
Oder würden Sie den Kreuz-König und die Pik-Neun drücken? Auch das ist nicht empfehlenswert, denn die Kreuz-Dame, die sie nun allein in dieser Farbe in der Hand behalten würden, macht sicherlich keinen Stich. Sie würden also mit der Dame drei Augen opfern müssen, die unter Umständen entscheidend sind für den Gewinn oder Verlust Ihres Spiels.
Das heißt: Sie verlieren Ihr Spiel eventuell mit achtundfünfzig Punkten. Läge die gedrückte Kreuz-Dame im Skat, hätten Sie aber drei Punkte mehr, also einundsechzig. Und das würde reichen zum Gewinn des Spiels. Ja, jetzt sind Sie auf der richtigen Spur – Sie müssen in diesem Falle den Kreuz-König und die Kreuz-Dame drücken und die blanke Pik-Neun zu den drei Karos behalten. Mit der Pik-Neun

geben Sie null Augen ab, haben aber immerhin sieben gedrückte Augen im Skat. Sie sind also der Regel gefolgt: beim Drücken möglichst Augen weglegen, die ja am Ende mitgezählt werden!
Oder Lehmann hat neben seinen sechs Trümpfen nach Aufnahme des Skats in der Hand:

Kreuz-Dame, Kreuz-Acht, Pik-König; Karo-Ass, Karo-Zehn, Karo-Sieben.

Wie würden Sie jetzt an seiner Stelle drücken? Richtig, weg mit der Kreuz-Dame und dem Pik-König!
Trümpfe drückt man natürlich nie, es sei denn beim Grand, bei dem ja nächst den Buben die Asse ihren Stich machen, die Zehnen und so fort. Wie das zu verstehen ist, wird Ihnen am folgenden Beispiel klar werden. Sie gucken Lehmann in die Karten. Er hat ein Grand-Blatt, und zwar:

Kreuz-Bube, Karo-Bube, Kreuz-Ass, Kreuz-Zehn, Pik-Ass, Pik-König, Pik-Acht, Herz-Ass, Karo-Ass, Karo-Zehn.

Im Skat findet er: Karo-Dame und Karo-Sieben. Was würden Sie an seiner statt drücken?
Sie überlegen sich: „Falls die beiden fehlenden Buben in einer Hand gegen Lehmann sitzen, ist er schlecht dran. Es bleibt dann nämlich einer übrig, auch wenn er den Ältesten zieht, der ihm seinen jüngsten Buben abholen kann oder zum Stechen benutzt wird.“ Lehmann muss also

Sorge tragen, dass er auch dann wieder ans Spiel kommt, wenn der Grand ohne Buben weitergeht. D.h. er drückt bestimmt nicht sein HerzAss, denn dadurch wäre er in Herz ja blank! Wenn ihm dann der Gegner sein endloses Herz – seine „Flöte“ – von oben herunter vorspielt, muss er Fehlfarben wegwerfen, immer wieder wegwerfen! Der andere Gegenspieler gibt seine Augen zu – das Spiel kann verloren sein, ehe Lehmann sich’s recht versieht. Unbesorgt kann Lehmann aber Asse von den zugehörigen Zehnen wegdrücken. Er hat dann zweiundzwanzig Augen sicher im Skat, und die Zehnen sind nicht gefährdet, weil ihre zugehörigen Asse ja bereits „nach Hause gebracht“ worden sind. Lehmann drückt dann auch sein Kreuz-Ass und sein Karo-Ass. Warum nicht das Pik-Ass? Weil er in Pik die Zehn nicht hat, die dann beim Gegner „hoch“ werden würde! Dank klugem Drücken hat Lehmann seinen (ohnehin unverlierbaren) Grand also gewonnen. Das nächste Spiel geht an Krause, der auf Null gereizt hat und nach dem Aufnehmen des Skats seine Karte nicht zum Null-ouvert verbessern konnte. Im Gegenteil, sein Blatt, das er zu reinigen hoffte, sieht jetzt eher schlechter aus. Er hat:

Kreuz-Neun, Kreuz-Acht, Pik-Dame, Pik-Bube, Pik-Sieben, Herz-König, Herz-Zehn, Herz-Acht, Herz-Sieben, Karo-Ass, Karo-Dame, Karo-Sieben.

Was wird er drücken? Was würden Sie ihm zu drücken raten? Kreuz-Neun und Kreuz-Acht bringt er beim Null durch, wenn er Glück hat. Aber die Lücke zwischen dem Pik-Buben und der Pik-Sieben ist zu groß! Ebenso ist es mit Karo-Ass, Karo-Dame und Karo-Sieben schlecht. Er könnte ja statt des Nulls Herz spielen, denn da hätte er, mit dem Buben, immerhin fünf Trümpfe. Aber das geht nicht mehr, denn er hat bis dreiundzwanzig gereizt. Am besten wird es wohl sein, wenn er Karo-Ass und Karo-Dame weglegt. Alles andere wäre unsinnig und würde ihn ins Verderben stürzen, an dem er wahrscheinlich ohnehin nicht vorbeikommt!

Beim Null drückt man also möglichst hohe Karten weg, freilich nur dann, wenn zwischen ihnen und den niedrigen eine Lücke klafft. Andernfalls, d.h. wenn die Farbe einigermaßen geschlossen ist, behält man natürlich die hohen Karten und drückt lieber etwa eine blanke Neun weg und vielleicht von Sieben, Neun, König den König. Nun, Krauses Null hat so viele schwache Stellen, dass er so günstig nicht drücken kann. Und beim Null-ouvert? Auf Null-ouvert reizt man nur, wenn man ein geschlossenes Blatt mit einer einzigen wegzudrückenden Karte hat. Da darf man hoffen, so zu finden, dass man diese eine faule Karte nach Aufnehmen des Skats loswird. Das kann dann so aussehen:

Kreuz-Dame, Kreuz-Zehn, Kreuz-Acht, Kreuz-Sieben, Pik-König, Herz-Bube, Herz-Neun, Herz-Sieben, Karo-Acht, Karo-Sieben.

Der Pik-König muss also weg. Jetzt findet Krause zu seinem Null-ouvert: Pik-Zehn und Herz-Dame. Er kann sich freuen, denn er behält die Herz-Dame und legt Pik-König und Pik-Zehn weg. Glück gehabt, sein Null-ouvert ist unverlierbar! Wenn er aber zum Pik-König die Pik-Dame und die Pik-Zehn gefunden hätte? Dann wäre ihm nichts anderes übrig geblieben, als Pik-König und Pik-Dame zu drücken und mit der blanken Pik-Zehn zu spielen. Das wird aber in den seltensten Fällen gut gehen, denn die Karten müssten schon für Krause sehr günstig sitzen. Krause wird sich diesen Null-ouvert also aufs Verlust-Konto schreiben müssen! Genug übers Drücken. Alles Weitere wird die Praxis lehren!

Teures Spiel – billiges Spiel

„Nun", sagt Krause, ein wenig säuerlich lachend, „mein verlorenes Spiel war wenigstens nicht teuer." Er hat einen „Pikeinfach" verloren, d. h. er reizte mit einem Buben oder ohne einen und erhielt das Spiel demnach für zweiundzwanzig.

Weil seine Gegenspieler ihn „umlegten", er also nicht die erforderlichen einundsechzig Punkte in seinen Stichen aufweisen konnte, wird dies Spiel selbstverständlich als verloren angeschrieben. Verlorenes „Gucki“-Spiel aber – wir werden das in einem späteren Abschnitt, in dem übers „Anschreiben“ gesprochen werden wird, genau erläutern – zählt doppelt. Die Skat-Ordnung schreibt vor, dass **verlorene Hand-Spiele** nur als **einfach verloren** anzurechnen sind. D.h. sie werden **nicht doppelt** abgeschrieben. In weiten Kreisen wird diese Regelung leider nicht beachtet. Da er den Skat jedoch aufgenommen hat, erhält er 44 Minuspunkte. Nun hängt die Billigkeit oder Kostspieligkeit nicht vom Reizen ab (es kann ja sein, dass einer einen Kreuz ohne Fünf, d.h. ohne die vier Buben und ohne das Trumpf-Ass) schon bekommt, nachdem er erst bis vierundzwanzig gereizt hat, weil die beiden anderen Spieler passten, sondern es kommt auf den tatsächlichen Wert des Spiels an.

Oft geschieht es, dass einer ein gutes Spiel hat, aber nur bis vierundzwanzig reizen kann (Kreuz einfach, also mit einem Buben oder ohne einen). Nun will er aber sein gutes Spiel um jeden Preis machen, auch wenn die anderen beiden Spieler höher reizen als bis vierundzwanzig. Was kann er da tun? Er hat verschiedene Möglichkeiten. Erst einmal betrachtet er sein Blatt genau und überlegt, ob er's wohl schaffen könnte, die Gegenspieler „Schneider“ zu machen. D.h. er muss dann so viel Punkte oder Augen einheimsen, dass die Gegenspieler weniger als einunddreißig in ihren

Stichen haben. Oder, umgekehrt ausgedrückt, er muss mindestens einundneunzig Augen mit seinen Stichen nach Hause bringen. (Hundertzwanzig Augen sind im Spiel, hat er also neunzig, bleiben für die Gegenspieler nur dreißig. Sie sind Schneider.) Er reizt also „Schneider" mit, ohne dies jedoch anzusagen. Dadurch erhöht sich der Wert seines Spiels auf sechsunddreißig. Mit einem, Spiel zwei, Schneider drei mal zwölf = sechsunddreißig. Noch teurer kann er sein Spiel machen, wenn er „Hand" spielt und „Schneider" ansagt. Beim Hand-Spiel – und nur bei diesem! – darf nämlich Schneider gleich angesagt werden. Gewinnt er also seinen Kreuz aus der Hand, d. h. nimmt er den Skat nicht auf, und sagt Schneider an, so zählt das Spiel, vorausgesetzt, dass er es gewinnt: Mit einem, Spiel zwei, aus der Hand drei, Schneider vier, Schneider angesagt fünf mal zwölf = sechzig.

Noch teurer wird das Spiel, wenn er glaubt, die Gegenspieler „schwarz" machen zu können. D. h., dass diese überhaupt keinen Stich bekommen dürfen, auch nicht so einen, der keine Augen enthält! So ein gutes Spiel wird immer Hand gespielt werden, der Spieler darf also Schneider und Schwarz ansagen. Ein Kreuz-Spiel mit Dreien zählt dann: Mit drei „Spiel vier", Hand fünf, Schneider sechs, schwarz sieben, Schneider angesagt acht, schwarz angesagt neun mal zwölf = 108. So eine Reizung darf der Spieler sich allerdings nur gestatten, wenn er seiner Sache völlig sicher ist. Sollten die Gegner nur einen einzigen Stich machen, ist es verloren und bedeutet dann einhundertundacht Minuspunkte! Ein solches Spiel wird jedoch fast immer ein Grand sein, und man wird diesen einem Farbenspiel immer vorziehen, da er ja viel mehr zählt. Und schließlich gibt es noch eine Möglichkeit, das Spiel zu verteuern. Sie ist allerdings nicht allgemein üblich und demgemäß eine Sache der Vereinbarung unter den Spielern. Es handelt sich um das Spiel mit „Spitze" oder „Patrouille". Erläutern wir das an einem praktischen Beispiel. Lehmann hat ein gutes Karo-Spiel, kann aber nur bis siebenundzwanzig reizen. Meier reizt weiter. Nun will Lehmann sein schönes Spiel aber nicht weglassen. Er hat reichlich Trümpfe, darunter auch die Trumpf-Sieben. Wenn er meint, es so einrichten zu können, dass diese Sieben den allerletzten Stich macht, dann kann er weiterreizen: Karo ohne zwei, Spiel drei, Spitze (oder Patrouille) vier mal neun = sechsunddreißig. Nachdem er den Skat aufgenommen und gedrückt hat, muss er ansagen, dass er mit „Spitze" zu spielen gedenkt. Er muss sich dann also die Trumpf-Sieben bis zuletzt aufheben. Gelingt ihm das nicht, d. h. wird ihm die Sieben von den Gegenspielern abgeholt, ist sein Spiel verloren. Hat er Pech, insofern, als Meier Pik ohne drei ausreizt, also bis vierundvierzig geht, kann er immer noch das Spiel an sich bringen, wenn er mit zwei Spitzen oder Patrouillen reizt. Das Spielen mit „Spitzen" lehnt die deutsche Skatordnung ab. Wir wollen dieses Spiel aber trotzdem behandeln, da es in weiten Kreisen Anwendung findet.

Der Spieler ist verpflichtet, mit Trumpf-Sieben und Trumpf-Acht die beiden letzten Stiche zu machen. Er kann reizen: Karo mit zweien, Spiel drei, mit einer Spitze vier, mit der zweiten Spitze fünf mal neun = fünfundvierzig. Jetzt aber wird Meier vom Teufel geritten. Er will durchaus spielen und geht nun auf sechsundvierzig, in der Hoffnung, mit seinem Blatt einen Null-ouvert zu schaffen. Was bleibt Lehmann nun noch übrig? Entweder muss er schweren Herzens passen, das Spiel also an Meier abgeben, oder er reizt noch Hand mit. Hand zählt nicht allein weitere neun Punkte, sondern bringt sogar noch den Vorteil, dass der Spieler „zwei Patrouillen" ansagt, die ihm beim Handspiel dann ebenfalls zugerechnet werden. Das heißt; Karo mit zweien, Spiel drei, aus der Hand vier, erste Patrouille sechs, erste Patrouille angesagt sieben, zweite Patrouille angesagt acht mal neun = zweiundsiebzig! Ein wahrhaft stolzes Spiel falls es nicht „in die Binsen" geht. Sollte Lehmann es verlieren, müsste er sich gefallen lassen, dass man ihm einhundertvierundvierzig Minuspunkte ankreidet. Und zum Verlust genügt ja schon, dass er etwa nur eine Spitze schafft, statt deren zwei.

Nun kann es aber auch vorkommen, dass ein anfangs **teures** Spiel durch den Skat plötzlich **billig** wird, was ich übrigens schon erwähnt habe, hier aber für den gleichsam

„Fortgeschrittenen" noch einmal ausführlich behandeln wollen.

Krause reizt wohlgemut Pik ohne zwei, also dreiunddreißig. Als er den Skat aufnimmt, findet er zu seinem Entsetzen den ältesten Buben, den so genannten „Billigmacher". Er hat sich also überreizt, denn sein Spiel ist ja nur noch zweiundzwanzig wert. Er kann nun, falls ihm dies möglich erscheint, auf Grand umsatteln, oder auf Null-ouvert. Oder er kann versuchen, die Gegner Schneider zu machen. Schließlich kann er auch die Möglichkeit in Betracht ziehen, mit einer Spitze zu spielen. Es ist also durchaus noch nicht alles verloren, wenn ein unerwünschter Bube im Skat liegt, weil der Spieler ja, dank der vielen Skatregeln, immer noch erhöhen kann. Er sagt sein Spiel ja ohnehin erst an, nachdem er den Skat aufgenommen und gedrückt hat. Auch wenn er sich durch den ältesten Buben im Skat nicht überreizt hat, sieht das Spiel durch diesen zusätzlichen (und sicheren!) Trumpf vielleicht jetzt sehr viel günstiger aus, sodass er ohne weiteres auf Grand umsatteln kann. So eine Chance, aus dem anfänglich billigen Spiel doch noch ein teures zu machen, lässt er sich natürlich nicht entgehen.

Besonders dem Anfänger kann also gar nicht dringend genug geraten werden, sein Blatt nach Aufnahme des Skats gründlich zu prüfen, ob sich das Spiel durch geschicktes Drücken und Ausnutzung aller Möglichkeiten nicht verteuern lässt. Hierzu ein Beispiel: Lehmann reizt Herz ohne zwei, geht also bis dreißig und erhält dafür das Spiel, weil seine Mitspieler passen. Er hat in der Hand:

Herz-Bube, Karo-Bube, Kreuz-Zehn, Pik-Ass, Pik-König, Pik-Dame, Herz-Zehn, Herz-König, Herz-Neun, Herz-Sieben.

Im Skat findet er: Kreuz-Bube, Kreuz-König. Er drückt nun die Kreuz-Zehn und den Kreuz-König, hat also bereits vierzehn Punkte unter Dach und Fach. Sein Spiel hat sich dadurch derart verbessert, dass er jetzt einen Grand spielen kann, den er sehr wahrscheinlich gewinnt, auch wenn er nicht Vorhand ist, also nicht selbst am Ausspielen.
Wird ihm Karo oder Kreuz angespielt, das er ja nicht hat, sticht er mit dem Karo-Buben. Dann zieht er den Ältesten, damit der Zweite fällt. Jetzt zieht er Herz-König, auf den das Ass fällt. Nun stehen seine Herz-Karten. Wenn ihm wieder eine der beiden Farben vorgespielt wird, die er gar nicht hat, sticht er mit dem letzten noch vorhandenen Buben ein und spielt nun alle seine Herzen herunter. Darauf kommen gewiss ein paar Augen herein, und sicherlich wird einer der Spieler auch Pik abwerfen, nachdem er kein Herz mehr zum Bedienen hat. Dann, nachdem die Herzen alle sind, legt Lehmann sein Pik-Ass auf den Tisch. Wenn er Glück hat, fällt darauf die Pik-Zehn, sodass sein König und seine Dame in Pik nun stehen. Fällt die Zehn nicht, und kommt seitens der Gegenspieler, nachdem diese Leh-

mann mit ihrer Pik-Zehn die Pik-Dame abgeholt haben, kein Pik mehr auf den Tisch, kann der Grand allerdings verloren gehen. Aber praktisch wird das kaum vorkommen, denn beim Grand zieht man ja Asse, sodass diese in den beiden Farben Kreuz und Karo wahrscheinlich vom Spieler eingestochen wurden. Es sind nun nicht mehr genügend hohe Karten im Spiel, um den Gegnern sechzig Augen einzubringen. Jedenfalls sind die Gewinnchancen bei diesem Grand so hoch, dass jeder einigermaßen mutige Spieler ihn riskiert. Ein gewisses Risiko liegt fast in jedem Spiel, es sei denn, man halte das in der Hand, was im Skatjargon ein „Kutscher" heißt oder ein „Chauffeur", also etwa ein Farbenspiel mit allen vier Buben, dazu noch vier Trümpfen und in den Fehlfarben ein Ass und eine Lusche. Da gibt der Spieler bestimmt nur die Lusche ab, es sei denn, man spielte ihm eine Karte in der Farbe an, zu der er nur das blanke Ass hat, mit dem er übernimmt. Nun hat der andere Spieler kein Blatt in dieser Farbe, ist also „renonce" und sticht! Das wäre der allerungünstigste Fall, bei dem aber seitens der Gegenspieler auch nichts weiter zu holen wäre, als dass sie aus dem Schneider kommen. Zu verlieren ist so ein Spiel nie! Zum Kapitel teure und billige Spiele gehört auch:

Contra und Re

Da hat Krause endlich, nachdem er eine ganze Zeit lang Blätter bekam, die er als „Raupenfraß“ bezeichnete, eine recht ordentliche Karte. Er reizt also sein Blatt aus und erhält das Spiel für dreißig (Herz mit zwei Buben). Was er im Skat findet, erfreut ihn freilich nicht. Er kann sein Blatt nicht so säubern, wie er es hoffte. Immerhin – es wird schon gut gehen! Denkt er –! Er sagt also an: „Ich spiele Herz.“ Daraufhin besehen sich seine Gegenspieler ihr Blatt und Meier sagt: „Contra!“ Da wird Krause blass, denn Contra bedeutet, dass Meier so viele Trümpfe gegen ihn hat, dass er hofft, Krause umzuwerfen. Tatsächlich gelingt ihm dies auch, Krause erreicht nur achtundvierzig Punkte. Und das bedeutet, dass sein verlorenes Spiel folgendermaßen abgerechnet wird: Herz mit zweien, Spiel drei. Contra sechs, verloren zwölf! Hundertzwanzig Minuspunkte für Krause.

Durch Meiers Contra-Ansage war Lehmann nämlich hellhörig geworden. Er spielte sehr vorsichtig und schonte seine hohen Karten, um sie seinem Partner dann auf die Trumpf-Stiche zugeben zu können. Contra sagt man, wenn man mindestens vier Trümpfe, von denen zwei sicher Stiche machen, in der Hand hat und dazu eine nicht allzu schlechte Nebenkarte. Entscheidend ist auch das Verhalten des Partners beim Reizen. Hat der mitgereizt, so darf vermutet werden, dass er Augen im Blatt hat (falls er nicht bei dreiundzwanzig passte, was auf die Absicht hindeutet, dass er einen Null spielen wollte).

Manche Skatspieler pflegen Contra zu geben, wenn sie einen so genannten „Wollkopf“ oder „Rollmops“ haben, d.h. vier Trümpfe in jeder Farbe, also: Zwei Buben, zwei Kreuz, zwei Pik, zwei Herz, zwei Karo. Aber so ein Contra geht oft schief, d.h. er wird vom Gegner gewonnen. Und das ist ja auch klar, wenn man bedenkt, dass der Contra-Sager in jeder Fehlfarbe zweimal bedienen muss, statt einstechen zu können. Die Asse und Zehnen in den Fehlfarben hat er sicherlich nicht, denn sonst hätte er selbst ein Spiel gemacht. Krause, durchs Contra gewarnt, spielt nun nämlich nicht Trumpf, sondern er „geht auf die Dörfer“, d.h. er versucht erst, Stiche auf die Nebenkarte hereinzubringen. Hat er also etwa das Pik-Ass und das Karo-Ass, so zieht er diese Karten. Er bringt sie nach Hause, denn Meier muss ja bedienen. Wenn Krause Glück hat, fällt ihm dabei sogar noch eine Zehn zu, die bei einem seiner Gegner blank sitzt. Der „Wollkopf-Contra“ ist also nicht sehr sicher! Nur gewiefte Spieler sollten sich daranwagen.

Nicht immer sitzen die Trümpfe bei dem, der Contra bietet. Es kann auch so sein, dass Lehmann keinen einzigen Trumpf im Blatt hat, aber in den übrigen Farben hohe Karten. Lehmann sagt also Contra, um seinem Mitspieler dadurch zu zeigen, dass er trumpflos ist, aber in den Fehlfarben eine gute Unterstützung zu bieten hat. Er sagt sich sehr richtig: „Wenn Krause eine ganz volle, an Trümpfen überreiche Karte hätte, würde er ja Grand spielen. Da er das nicht tut, sitzen bestimmt bei Meier vier Trümpfe dagegen, und Meier wagt bloß keinen Contra, weil sein Blatt neben den Trümpfen leer ist. Ich muss ihm also durch mein Contra zu verstehen geben, dass die Augen in den Fehlfarben bei mir sitzen."

Krause braucht nun aber keineswegs das Contra stumm hinzunehmen. Es ist ihm gestattet, Re zu sagen. Was bedeutet nun so ein Re? Es heißt, dass Krause die Herausforderung annimmt und aufgrund seiner Trümpfe und der Nebenkarte glaubt, das Spiel auch dann zu gewinnen, wenn die ihm fehlenden Trümpfe alle in einer Hand gegen ihn sitzen. Wenn er sein Re-Spiel gewinnt, dann wird sein Mut belohnt. Er bekommt angeschrieben: Herz mit zweien, Spiel drei, Contra sechs, Re zwölf = hundertzwanzig Pluspunkte. Aber ach – wenn er es verliert, wird es entsetzlich teuer, denn dann macht es: Herz mit zweien, Spiel drei, verloren sechs, Contra zwölf, Re vierundzwanzig = zweihundertvierzig Minuspunkte! Re sagt also nur derjenige, der eine ausgezeichnete Trumpfkarte und eine gute Beikarte hat.

Zu Beginn dieses Büchleins wurde einmal gesagt, dass der Einzelspieler 61 Augen haben muss, wenn er das Spiel gewinnen will. Nun wird in weiten Skatkreisen bei einem „Contra"- oder „Re"-Spiel diese Regelung durchbrochen,

und zwar folgendermaßen: Wer Contra sagt, muss 61 haben, wer Re sagt, muss 61 haben, wer Bock sagt, muss 61 haben usw. Diese Skatspieler begründen die Regelung damit, dass sie sagen, wer Contra, Re usw. sagt, will damit zum Ausdruck bringen, dass er überzeugt ist, das Spiel zu gewinnen. Wenn nun ein Contra-, Re- usw. Sager schon glaubt, das Spiel gewinnen zu können, so muss er mindestens auch 61 Augen haben. Eine an und für sich sehr logische und faire Regelung, aber die Deutsche Skatordnung sagt, dass der Alleinspieler immer 61 Augen erreichen muss, wenn er gewinnen will. Unabhängig, ob Contra, Re usw. gesagt wurde oder nicht.
Gemäß den neuesten Statuten der Skatordnung sind sowohl Contra als auch Re nicht mehr gestattet. Man will dadurch das „Mauern" unterbinden, d.h. der Unsitte einen Riegel vorschieben, dass ein Spieler mit gutem Blatt vorzeitig passt, nur um contrieren zu können. Am Stammtisch jedoch spielt man auch weiterhin mit Contra und Re und erlaubt sogar dem Gegenspieler, dem Re noch „Bock" entgegenzusetzen, dem Spieler auf „Bock" zu sagen: „Hirsch". Contra verdoppelt den Gewinn bzw. Verlust, Re vervierfacht ihn, durch Bock wird er verachtfacht, und wer Hirsch bietet, darf sogar mit Versechzehnfachung rechnen. Bis zum „Hirsch" kommt es selten, denn das Risiko ist auch dem Mutigsten zu groß. Contrieren aber wird man – trotz gegenteiliger Skatbestimmungen – mit Ver-

gnügen dort, wo die Spieler einander gut kennen und demgemäß wissen, dass keine „Maurer“ unter ihnen sind.

Die Bock- oder Ärgerrunde

Es ist üblich, nach gewissen Spielen so genannte Bockrunden, auch Ärgerrunden genannt, einzuschieben. Eine Runde umfasst immer drei Spiele. Beim Viererskat, auf den wir noch zu sprechen kommen, sind es vier Spiele. Diese zählen in der Bockrunde doppelt, d.h. ein gewonnenes Pik-Spiel ohne den ältesten Buben wird nicht mit zweiundzwanzig angeschrieben, sondern mit vierundvierzig, Geht es verloren, zählt es entsprechend achtundachtzig. In der Bockrunde spielt man also besonders überlegt und reizt vorsichtig, um sich nicht der Gefahr eines so hohen Verlustes auszusetzen.

Bockrunden sind stets Sache der Vereinbarung. Im Allgemeinen werden sie gespielt: nach einem gewonnenen Grand, der mindestens hundertzwanzig Punkte zählt. Also etwa: Grand mit dreien, Spiel vier, Schneider fünf = hundertzwanzig. Außerdem nach einem Spiel, das mit genau sechzig Punkten verloren ging. Ferner nach einem gewonnenen Grand-Hand, nach einem für die Gegner siegreich beendeten Contra-Spiel; immer nach einem Contra-Re-Spiel, gleichviel, ob der Spieler es gewonnen oder verloren hat.

Manche Spieler schieben auch dann eine Bockrunde ein, wenn Spieler oder Gegenspieler nicht aus dem Schneider gekommen sind. Das heißt also: wenn die Gegner nicht einunddreißig Punkte erreicht haben, oder wenn der Spieler jammervoll „baden gegangen“ ist, dadurch, dass er weniger als einunddreißig Punkte schaffte.
Manchmal wird nach einem Grand-Hand, der gewonnen wurde, nicht nur eine Bockrunde gespielt, sondern auch noch eine Runde Ramsch. Das kann dann böse ausgehen für denjenigen, der einen Grand in der Hand hat, also mit Sicherheit so viele Augen einnehmen muss, dass er am Ende die meisten hat, den Ramsch also verliert. Wir wollen hier noch einmal zusammenfassen, was an anderer Stelle schon über den Ramsch gesagt wurde: Es kommt darauf an, möglichst wenige Stiche zu machen, denn derjenige bekommt das Spiel als verloren angekreidet, der die meisten Augen einnehmen musste. Hat also Krause sechzehn Augen, Meier achtunddreißig, dann ist Lehmann der Verlierer, denn er hat Sechsundsechzig Augen. Diese Sechsundsechzig Augen werden auf sein Verlustkonto geschrieben. Hat aber Krause überhaupt keinen Stich, ist er also „Jungfrau“, dann bekommt Lehmann sogar seine Augen doppelt angeschrieben.
Die einzige Rettung wäre, dass er einen „Durchmarsch“ versucht hätte, also alle Stiche für sich einheimst. Hundertzwanzig Augen beim Ramsch bedeuten also keinen

Verlust des Spieles, sondern einen stolzen Gewinn. Das Recht, Contra zu bieten, hat jeder Gegenspieler (ausgenommen bei einem Spiel genau nach Skatordnung). Fälschlicherweise wird häufig so gespielt, dass nur der Contra bieten darf, der mindestens 18 gereizt hat.

Übrigens muss Contra **unbedingt** angesagt werden, ehe eine Karte ausgespielt worden ist. Lehmann, der in Hinterhand sitzt, würde ganz gern Contra bieten, aber er hat eine blanke Zehn im Blatt, die sehr leicht verloren gehen kann, falls der Mitspieler bedienen kann, und der Gegenspieler das passende Ass dazu hat. Das wären für den Spieler schon einundzwanzig Augen, also eine ganz gute Grundlage. Lehmann sagt also lieber nicht Contra. Nun spielt sein Partner Meier als erste Karte ausgerechnet das Ass zu Lehmanns blanker Zehn aus. Bedient Krause, der Gegenspieler, dies Ass, so weiß Lehmann, dass er seine blanke Zehn gerettet hat, weil er sie ja seinem Partner aufs Ass zugeben kann. Nun ärgert er sich, kein Contra geboten zu haben.

Und schließlich gibt es noch eine Möglichkeit zum Contra-Bieten. Nehmen wir einmal an, Lehmann hat so ein schönes, volles Blatt, dass er gar nicht zu drücken brauchte, um seine Karte zu säubern. Voller Eifer zieht er, der am Anspielen ist, die erste Karte, um seinen „Kutscher" von oben herunter zu spielen. Er hat also das Drücken vergessen. So ein Irrtum ist aber verhängnisvoll, denn – vergessenes Drücken bedeutet verlorenes Spiel. Auch wenn er statt zweier Karten nur eine weglegt, ist sein Spiel verloren. Merken die Spieler das nicht eher, so bestimmt zum Schluss, denn derjenige, der gar nicht gedrückt hat oder nur eine Karte weglegte, behält am Ende ja eine oder zwei Karten übrig, wenn die Gegner nichts mehr in Händen halten. Geben die Gegenspieler nun gut Acht, ob der Spieler sich beim Drücken nicht irrt, dann haben sie eine Chance zum Contra-Sagen. Meier legt aus Versehen nur eine Karte ab und sagt dann seinen Grand an. Nachdem er angesagt hat, darf er aber nicht mehr drücken, d. h. die Reihenfolge: erst drücken, dann das Spiel ansagen, muss strikt beachtet werden. „Contra“, sagt der aufmerksame Krause, obwohl er gar keine Contra-Karte hat. Er darf das unbesorgt tun, denn Meiers Spiel ist ja von vornherein verloren. Meier jedoch, der seinen Irrtum noch immer nicht bemerkt hat, bietet siegessicher „Re“. Das Spiel wird gar nicht erst durchgeführt. Krause erklärt nämlich sofort: „Mein Lieber, du hast nur eine Karte gedrückt!“ So eine Unaufmerksamkeit kann also fürchterlich teuer werden. Ist es etwa ein Grand mit vieren, so zählt er mit Contra und Re sage und schreibe 960 Minuspunkte für den unglücklichen Spieler. Und sollte man sich gerade in einer Bockrunde befinden, in der ja alles verdoppelt wird, bringt dies Spiel Meier volle 1920 Minuspunkte ein! Bitte, rechnen Sie selbst nach. Dies Beispiel ist keineswegs aus der Luft gegriffen, sondern solche „Unfälle“ ereignen sich tatsächlich mitunter. Zum

Schluss sei aber gesagt, dass das Bieten von Contra, wenn der Alleinspieler gar nicht, zu wenig oder zu viel gedrückt hat, zwar zulässig, aber nicht **fair** ist, und eine solche Handlungsweise mit einem feinen Skat und vornehmen Gesellschaftsspiel bestimmt nichts mehr zu tun hat.

Verwerfen

Großes Pech kann der Spieler auch haben, wenn er sich „verwirft", d. h. wenn er nicht bedient, obwohl er bedienen kann. Da hat Krause ein hübsches Farbenspiel, das unverlierbar ist. Jetzt spielt ihm Lehmann einen kleinen Karo an. Krause überlegt: „Den übernehme ich mit meinem blanken Karo-Ass, und dann ziehe ich Trumpf nach." So weit ist es gut. Aber nun ist seine Hand flinker als sein Kopf. Die Hand überhört gleichsam den Befehl, den kleinen Karo zu übernehmen und ist schon beim zweiten Befehl: „Dann Trumpf nachbringen." Er wirft also Trumpf auf den Tisch. „Hallo", rufen die Gegenspieler wie aus einem Munde. „Du musst doch noch das Karo-Ass haben! Oder ist das am Ende gedrückt?" Da bemerkt der arme Krause seinen Irrtum. Er braucht nicht mehr weiterzuspielen. Das Spiel ist verloren. Umgekehrt kann aber so ein Verwerfen auch einen wahren Segen für den Spieler bedeuten, dann nämlich, wenn einer seiner Gegner sich irrt und nicht bedient. Dann nämlich gilt das Spiel für ihn als gewonnen, gleichviel, ob es wackelig war oder nicht. Gerade so ein Spiel, das umzureißen die Gegenspieler auf dem besten Wege sind, geht ihnen durch so ein Verwerfen öfter verloren. Sie sind dann nämlich schon so siegessicher, dass sie es an der nötigen Aufmerksamkeit fehlen lassen.

Zum Kapitel „Verwerfen“ gehört auch die Regel: „Was liegt, das liegt!“ Es geht also nicht an, dass einer der Spieler, der einen Augenblick lang nicht aufgepasst hat, oder der – nachdem er seine Karte schon gezogen hat – anderen Sinnes wird, eben diese verkehrte Karte wieder zurücknimmt und statt ihrer eine bessere hinlegt. Nein, was einmal auf den Tisch gefallen ist, das gilt! Und wenn es dem Spiel auch eine unglückliche Wendung zum Verlust gibt. Aufpassen ist also unendlich wichtig. Die Vorwürfe, die seitens des Partners auf so einen unglücklichen Mitspieler herunterhageln, der sich verworfen hat, sind nicht immer gerade sanft, wie denn beim Skat überhaupt eine raue Sprache herrscht.

Übrigens, da wir gerade bei den Irrtümern sind: Ein angesagtes Spiel ist unwiderruflich.

Vergeben

Derjenige, der die Karten austeilt, irrt sich auch einmal. Da kann es geschehen, dass einer nach dem Austeilen elf Karten in der Hand hat, ein anderer dafür bloß neun. Nun hat

jeder vielleicht schon sein Spiel betrachtet und als gut erkannt. Aber – spielen darf er's nicht, denn wenn „vergeben" ist, werden die Karten wieder eingesammelt und es muss nochmals ausgeteilt werden.
Öfter bemerken die Spieler erst dann, wenn das Spiel schon durchgeführt worden ist, dass einer eine Karte zu viel hat, der andere dafür eine zu wenig. Auch da gibt's kein Pardon. Dann hat die Partei gewonnen, wer zehn Karten hatte.
Manche Skatspieler sind besonders streng und machen untereinander von vornherein eine Buße aus für den, der vergibt oder sich verwirft. Das geschieht jeweils nach vorheriger Vereinbarung und soll die Spieler zu größter Aufmerksamkeit und Konzentration anhalten. So eine Buße besteht darin, dass derjenige, der sich verworfen oder vergeben hat, soundsoviele Minuspunkte angekreidet bekommt. Das muss aber bereits vereinbart worden sein, ehe das erste Spiel durchgeführt wurde. Es geht nicht an, dass man dergleichen erst dann festsetzt, wenn einer sich bereits verworfen oder wenn er vergeben hat.

Die blanke Zehn – die besetzte Zehn

Blanke Zehnen im Blatt sind jedem Skatspieler ein Gräuel. Der Spieler wird es vermeiden, mit einer solchen blanken Zehn zu spielen. Hätte er ohne sie ein ganz gutes Handspiel, so wird er doch lieber den Skat aufnehmen, in der

Hoffnung, die Zehn wegdrücken zu können. Findet er so schlecht, dass im Skat etwa zwei Luschen zu dieser Zehn liegen, so wird er vielleicht trotzdem die Zehn weglegen, denn für ihn als Spieler ist auch eine zweimal besetzte Zehn oft von Übel, wie wir später noch sehen werden. Hat er allerdings eine volle Karte und mindestens drei Buben, kann er auch die Farbe, in der er nun die Zehn und zwei kleine Karten hat, zur Trumpf-Farbe ernennen. Das geht natürlich nur dann, wenn dies nach der Reizung noch möglich ist.

Es kann aber auch vorkommen, dass er zu der blanken Zehn im Skat noch eine Zehn in einer Farbe findet, die er überhaupt nicht in der Hand hatte. Da muss er dann eben zwei Zehnen weglegen und dafür lieber eine Lusche oder deren zwei behalten. Spielen die Gegner ihm nun das zugehörige Ass an, so muss er zwar eine Lusche zuwerfen und kann nicht stechen, aber er kommt dabei immer noch billiger weg, als wenn er den Gegenspielern die blanke Zehn opfern müsste.

Hat einer der Gegenspieler eine blanke Zehn, die er ja nicht wegdrücken kann, so muss er befürchten, dass sie ihm abgeholt wird. Viele Skatspieler schwören darauf, so eine blanke Zehn sofort auf den Tisch zu legen. Hat der Mitspieler ein möglichst kurz besetztes Ass dazu, wird er es drauflegen, in der Hoffnung, dass der Gegner bedienen kann und nicht sticht. Hat er aber die Farbe sehr lang,

muss er also annehmen, dass der Spieler in dieser Farbe renonce ist und sticht, legt er eine kleine Karte zu. Und hat der Spieler das zur Zehn passende Ass, dann macht er zwar einen „fetten" Stich, aber dieser Stich kann ihn noch teuer zu stehen kommen. Die Gegenspieler haben ja durch das Ausspielen der blanken Zehn diese Farbe „geklärt", das heißt, sie wissen, dass der Ausspieler der Zehn keine weitere Karte von dieser Farbe in der Hand hat. Jetzt wird also der andere Gegenspieler dem Alleinspieler immer wieder mit dieser Farbe kommen. Entweder muss der Gegner eine Karte in der Farbe zugeben und der andere Gegenspieler kann „schmieren", d.h. hohe Karten der Fehlfarbe zugeben, oder aber – wenn der Spieler übernahm, kann er mit einem kleinen Trumpf darübergehen und dadurch den Stich an sich bringen.
Nehmen wir einmal folgende Kartenverteilung an: Der Spieler, der Pik angesagt hat, hält folgendes Blatt in der Hand:

Herz-Bube, Karo-Bube, Kreuz-König, Kreuz-Neun, Pik-Zehn, Pik-König, Pik-Neun, Pik-Sieben, Herz-Ass, Herz-Dame.

Gegenspieler Krause hat:

Kreuz-Bube, Kreuz-Zehn, Pik-Ass, Pik-Dame, Herz-Zehn, Herz-König, Herz-Neun, Herz-Acht, Karo-Dame, Karo-Neun.

Gegenspieler Meier hat:

Pik-Bube, Kreuz-Ass, Kreuz-Dame, Kreuz-Acht, Kreuz-Sieben, Pik-Acht, Herz-Sieben, Karo-Ass, Karo-Acht, Karo-Sieben.

Im Skat liegen also Karo-Zehn und Karo-König, die vom Spieler Lehmann weggedrückt wurden.
Krause spielt nun Meier gleich seine blanke Zehn an, weil der in Vorhand sitzt. Obwohl Meier vier Kreuz dagegen hat, ist er mutig genug, mit dem Ass auf die Zehn zu gehen. Lehmann wirft die Neun zu. Jetzt ist Meier, dem der Stich gehörte, am Ausspielen. Er zieht sofort die Kreuz-Dame. Lehmann geht mit dem Kreuz-König darüber. Und Krause freut sich, denn er kann ja nicht mehr bedienen, sondern sticht mit dem Pik-Ass. Jetzt spielt er seine kürzeste Farbe, also Karo, und zwar die Neun. Meier sagt sich: „Da Lehmann Kreuz bedienen konnte, wird er wohl Karo gedrückt haben. Trotzdem werde ich mit dem Karo-Ass drübergehen, dann kostet das Lehmann eben einen Trumpf und er wirft keine lästige Karte ab." Lehmann sticht mit der Pik-Zehn. Und dann zieht er auf jeden Fall Trumpf, und zwar den Herz- oder Karo-Buben. Krause gibt die Pik-Dame zu. Meier übernimmt mit dem Pik-Buben, denn er will ja den Spieler wieder in die „Zange" nehmen, um ihn mit Kreuz zu ärgern. Er legt die Kreuz-Acht auf den Tisch. Lehmann sticht mit der Pik-Neun. Krause könnte nun ja mit seinem Kreuz-Buben darübergehen, aber der Stich ist

ihm zu mager, zumal er ja dann den höchsten Trumpf weggäbe, der ihm ohnehin einen sicheren Stich einbringt. Er wirft also lieber ein kleines Herz ab, die Herz-Acht. Dadurch zeigt er seinem Mitspieler, dass er reichlich Herz im Blatt hat. Lehmann zieht nun die Pik-Sieben. Er hat Glück, denn die restlichen, beim Gegner sitzenden Trümpfe sind verteilt. Sie fallen beide. Und weil Krause den ältesten Buben geben musste, ist er nun am Ausspielen. Er zieht die Karo-Dame. Meier wirft die Karo-Sieben zu. Und Lehmann wirft seine Herz-Dame weg. Nun kann der Gegner kommen, womit er will, die drei letzten Stiche gehören auf jeden Fall dem Spieler. Krause, der ja nur noch Herz-Karten hat, zieht die Herz-Neun. Meier gibt die Herz-Sieben zu. Der Spieler übernimmt mit dem Herz-Ass. Seine beiden Trümpfe, die er nun noch in der Hand hat, „stehen". Er kann hinlegen, die beiden letzten Stiche gehören ihm. Er hat das Spiel mit Sechsundsechzig Punkten gegen vierundfünfzig gewonnen! Die Verteilung der Karten war in diesem Spiel für Lehmann außerordentlich günstig, sodass ihm trotz der Kreuz-Flöte in Meiers Hand nichts geschehen konnte.
Jetzt aber wollen wir ein Spiel durchführen, bei dem Lehmann durch so eine blanke Zehn der Hals gebrochen wird. Lehmann hat:

Herz-Bube, Kreuz-Acht, Pik-Acht, Pik-Sieben, Herz-Dame, Karo-Ass, Karo-Zehn, Karo-König, Karo-Neun, Karo-Acht

Krause hat:

Pik-Bube, Kreuz-Ass, Kreuz-Zehn, Kreuz-König, Kreuz-Sieben, Pik-Zehn, Herz-Zehn, Herz-König, Herz-Neun, Herz-Acht

Meier hat:

Kreuz-Bube, Karo-Bube, Kreuz-Dame, Pik-Ass, Pik-König, Pik-Dame, Pik-Neun, Herz-Ass, Karo-Dame, Karo-Sieben.

Meier reizt sein Pik-Spiel bis zweiundzwanzig aus, Krause reizt sein Herz-Spiel bis zwanzig. Lehmann, der gut zu finden hofft, reizt trotz der Luschen im Blatt sein Karo ohne zwei, geht also bis siebenundzwanzig und erhält dafür das Spiel. Seine Hoffnung wird betrogen, denn im Skat liegen Kreuz-Neun und Herz-Sieben. Er legt Herz-Dame und Kreuz-Acht weg.
Krause ist Vorhand und zieht seine blanke Pik-Zehn, Meier geht mit dem Ass darüber, Lehmann gibt die Pik-Sieben zu. Jetzt ist Meier, von dem ja das Ass kam, am Zuge. Er spielt den Pik-König aus. Lehmann gibt die Pik-Acht dazu. Und Krause „schmiert" sein Kreuz-Ass. Jetzt kommt Meier wieder mit Pik, und zwar mit der Pik-Dame. Lehmann wirft seine blanke Kreuz-Neun ab. Krause schmiert die Kreuz-Zehn. Und immer noch hat Meier eine Pik-Karte zum Anbieten, nämlich die Pik-Neun. Lehmann bekommt jetzt Angst. Er wirft also nicht mehr ab, sondern sticht, und zwar mit dem Karo-König. Krause geht mit dem Pik-

Buben darüber, denn er sagt sich: „Das ist mein einziger Trumpf, der nützt mir in Hinterhand sowieso nichts." Er zieht nun die Kreuz-Sieben, um kein Auge zu verschenken. Meier übernimmt mit der Kreuz-Dame, Auf diesen „billigen" Stich wirft Lehmann seine Herz-Sieben weg. Er hat noch keinen einzigen Stich eingeheimst! Meier aber, der mitgezählt hat, weiß, dass er und Krause bereits achtundfünfzig Augen unter Dach und Fach haben. Er zieht kurzerhand seinen ältesten Buben, Lehmann gibt die Trumpf-Acht dazu, Krause schmiert die Herz-Zehn. Das macht insgesamt siebzig Augen für die Gegner.

Lehmann hat sein Spiel also bereits verloren. Übrigens gibt er bestimmt noch einen Stich ab, den Meier auf seinen Karo-Buben einheimst. Lehmann darf heilfroh sein, dass Meier, der ja immerhin vier Trümpfe gegen ihn hatte, nicht Contra bot. Bei vorgenanntem Kartensitz hat Krause, wie Sie gesehen haben, eine blanke Pik-Zehn und kein Karo. In der Regel wird Krause seine blanke Pik-Zehn nicht anspielen, denn er hat kaum eine Chance, diese heimzubekommen, wenn der Gegner das Ass hat. Hat jedoch sein Mitspieler Karo-Ass, kann er diese Pik-Zehn schmieren. Theoretisch ist es sehr schwer, solche Fälle anzugeben, in der Praxis muss jeder Spieler hierüber seine eigenen Erfahrungen machen.

Nun wollen wir aber einmal sehen, ob sich so eine blanke Zehn in der Hand des Gegners nicht auch günstig auswirken kann für den Spieler. Hat der Spieler in einer Farbe das Ass und den König und sogar noch eine Lusche, dann kann er, falls ihm in dieser Farbe vom Gegner eine niedrige Karte vorgespielt wird, entweder mit dem Ass übernehmen oder mit dem König. Entscheidet er sich dafür, den König zu ziehen, so hat er „geschnitten“. Wenn er nun das Ass nachbringt, gelingt es ihm häufig, die Zehn, die beim Gegner blank sitzt, herauszuholen. Er sollte sich aber stets reiflich überlegen, ob er es sich leisten kann, so einen „Schnitt“ zu wagen. Er sollte es nur tun, wenn er ganz sicher ist, sein Spiel zu gewinnen. Dann kann er nämlich unter Umständen dadurch, dass er die Zehn „fängt“, die Gegner „Schneider“ machen. Bei einem unsicheren Spiel jedoch sollte der Alleinspieler, zumal wenn er in Hinterhand sitzt, nur dann den Schnitt riskieren, wenn er allein dadurch sein Spiel gewinnen kann, und wenn die Gegner keine Trümpfe mehr haben, also das Ass bestimmt nicht wegstechen können. Als Alleinspieler sollte man es sich zum Grundsatz machen, nur dann eine Zehn zu schneiden, wenn man in Hinterhand sitzt.

Nun kommt aber auch der folgende Fall sehr oft vor: Der Alleinspieler muss mit einer zweimal besetzten Zehn in der Fehlfarbe spielen. Die Fehlfarbe kommt nicht auf den Tisch, d.h. seine Gegner spielen sie ihm nicht vor. Er ist also gezwungen, die Farbe selbst anzufassen. Natürlich spielt er nicht die Zehn, sondern – wenn er die Dame und die Sieben dazu hat – die Dame, in der Hoffnung, dass einer der Gegenspieler mit dem Ass darüber geht. Dann wäre er fein heraus, denn seine Zehn „steht" ja nun. Aber die Gegner denken gar nicht daran. Einer hat Ass, König und Acht dagegen, der andere nur die Neun. Auf die Dame fallen also König und Neun. Jetzt geht das Spiel weiter, bis der Alleinspieler wieder mit der verwünschten Farbe kommen muss. Er zieht die Sieben, sein Gegenspieler übernimmt mit der Acht. Und nun kann er sein Ass ziehen, denn die Zehn in der Hand des Alleinspielers ist nun blankgespielt, muss also fallen. Schneiden macht Spaß, wenngleich ein Risiko damit verbunden ist. Es hätte ja auch sein können, dass der Alleinspieler die Zehn gedrückt hat und nun das Ass einstechen kann. Aber meist kann man aus dem Verhalten des Spielers darauf schließen, ob er mit seiner besetzten Zehn im „Druck" ist oder nicht. Die Zehn kann auch dann Ärger bereiten, wenn einer der Gegenspieler die Farbe, in der der Alleinspieler die Zehn hat, anspielt. Der Alleinspieler, der in Hinterhand sitzt, geht natürlich mit der Zehn darüber, falls das Ass nicht gefallen ist. Er ist ja froh, seine Zehn auf diese Weise nach Hause gebracht zu haben. Jetzt allerdings wissen seine Gegner Bescheid.

Das Spiel mit einer blanken Zehn kommt nur bei Elitespielern vor, die unter den Skatspielern nur im Verhältnis 8 : 92 anzutreffen sind. Diese handeln entsprechend je nach Erkennung der Spiellage und der ihnen bekannten Mentalität ihrer Mitspieler. Es gibt nämlich eine Reihe von Spielern,

die grundsätzlich immer unter dem Ass anspielen, da kann man auch mal eine blanke Zehn oben behalten und nur dadurch zum Gewinn eines an sich unsicheren Spieles kommen. In der Regel jedoch wird man immer noch mindestens eine Karte dieser Farbe bei der Zehn stehen lassen, sodass nun getrost das dazugehörende Ass auf den Tisch gelegt werden kann.
Der Spieler muss bedienen und kann nicht stechen. Fällt so eine Zehn, wenn die betreffende Farbe erstmals gezogen wird, dann pflegen denn auch die Gegenspieler triumphierend im Chor zu sprechen: „Die hat er nicht blank in der Hand gehabt!"
Beim Handspiel kommt es allerdings gelegentlich vor, dass der Spieler der ja den Skat nicht aufnehmen durfte, also auch nicht drücken konnte, mit einer blanken Zehn spielen muss. Auf eine blanke Zehn im Blatt ein Handspiel zu riskieren, setzt ein sehr gutes Blatt voraus. Andernfalls sollte man dann doch lieber passen. Nun zögern die Gegenspieler beim Handspiel aber nicht, ihre Asse zu ziehen, denn sie sagen sich, dass der Alleinspieler ja nicht drücken konnte, also hoffentlich in jeder Farbe eine Karte – oder deren mehrere – hat. Auf so ein Ass fällt dann ohnehin die blanke Zehn des Spielers. Andererseits kann er auch großes Glück haben und seine blanke Zehn heimbringen, wenn der Gegenspieler es nicht wagt, ein Ass anzuspielen. Deshalb: Bei Handspielen nicht die Asse schonen!

Das Schneiden

Wir erwähnten ja schon im vorhergehenden Kapitel, dass es das Ziel des Schneidens ist, Zehnen herauszulocken. Eine goldene Skatregel heißt, man solle gegen den Mann niemals schneiden. D.h. also, wenn Meier der Spieler ist und Lehmann eine Karte in der Fehlfarbe zieht, dann soll Krause so hoch wie möglich übernehmen, statt seine Augen zu „schonen“. Geht es gut, dann geht es. Übernimmt der Alleinspieler jedoch mit einer höheren Karte, dann „stehen“ bei den Gegenspielern die folgenden. Und sticht er gar, dann macht das auch nicht allzu viel, denn der Spieler ist ja dadurch einen Trumpf los, also in Trumpf geschwächt. Es gibt freilich Fälle, in denen sich auch das Schneiden „gegen den Mann“ auszahlt. Aber dazu gehört viel Fingerspitzengefühl und Routine. Anfänger sollten sich also lieber an die goldenen Regeln halten und sich nicht auf Umwege einlassen.

Langer Weg, kurze Farbe – kurzer Weg, lange Farbe

Lehmann spielt. Ist Meier also am Ausspielen, so ist sein Weg zu Lehmann „kurz“. Er spielt demgemäß eine Karte seiner längsten Farbe. Ist aber Krause am Ausspielen, so ist sein Weg zum Alleinspieler Lehmann lang, denn Meier sitzt ja dazwischen. Er muss also eine möglichst kurze Farbe ziehen. Man kann diese Regel wesentlich einfacher ausdrücken, wenn man sie so formuliert: Dem Freunde kurz, dem Gegner lang. Diese Regel gilt jedoch nur für den Anfänger zur Belehrung, später, nach gemachten Erfahrungen, darf man diese Regel auf keinen Fall immer anwenden. Spielt Meier dem Alleinspieler Lehmann eine Farbe an, so ist Lehmann sein „Feind", wird also mit einer langen Farbe geärgert. Spielt Krause an, so sitzt Meier in Mittelhand. Der Weg zum Mitspieler, zum „Freunde" also ist kurz. Dem Freunde spielt er seine kürzeste Farbe an. Was hat das für einen Sinn? Nun, wir haben das ja vorhin schon gesehen, als wir uns über das Ausspielen der blanken Zehn unterhielten. Wenn Krause seinem Freund Meier eine möglichst blanke – also kurze Farbe – anspielt, dann sieht dieser klar. „Aha", sagt er sich. „Davon hat Krause nicht viel. Ich selbst habe nur das Ass und die Zehn – also müsste mein Ass jetzt durchgehen, denn so viele Karten kann Lehmann ja nicht in den Skat gelegt haben. Er hat also bestimmt noch etwas zum Bedienen." Und so ist es dann auch. Meier zieht also getrost das Ass, um zu übernehmen. Und er spielt gleich die Zehn hinterher. Lehmann muss bedienen, und Krause kann, falls die Karte, die er zog, wirklich blank war, nach Herzenslust „schmieren". Andrerseits kann die von Krause gezogene Farbe bei Meier sehr lang sitzen. Dann übernimmt er nicht gleich mit dem Ass, sondern mit Dame oder König. Hat er derart geschnitten, dann tat er's

aus guten Gründen. Er ist nämlich in Trümpfen schlecht besattelt und darf hoffen, dass Krause allerlei Trümpfe gegen Lehmann hat. Er braucht also gar nicht zu riskieren, dass ihm sein Ass weggestochen wird, sondern kann es auf einen hohen Trumpf seines Mitspielers Krause zugeben.
Ist Meier am Ausspielen, zieht er, getreu der Regel, seine längste Farbe. Hat er das Ass, so wird er es nicht schonen, sondern gleich auf den Tisch bringen. Kann Lehmann bedienen, so ist es gut. Ist er aber in dieser Farbe renonce, dann kostet das vorgespielte Ass ihn einen Trumpf. Es hat also wenig Zweck, Augen zu „schonen" und die lange Farbe klein anzuspielen, denn oft genug kommt es vor, dass der Alleinspieler eine einzige Lusche in dieser Farbe hat, die er nun billig loswird. Dann sitzt der Gegenspieler – in diesem Falle Meier – mit seinen hohen Karten da und ärgert sich, weil sie ihm eventuell im weiteren Verlauf des Spiels dadurch abgeholt werden, dass er sie auf Trumpf wegwerfen muss. Andrerseits kann Meier Lehmann mit seiner langen Farbe fürchterlich ärgern, indem er ihn immer wieder in Mittelhand bringt und ihm diese Farbe vorspielt. Lehmann sitzt nun in der Zwickmühle. Wirft er eine niedrige Karte in der Fehlfarbe ab, „schmiert" Krause hohe Karten. Sticht er, so schwächt er sich in Trumpf und Krause kann seine Karte reinigen, indem er Luschen wegwirft. Auf diese Weise ist schon manch ein Spiel verloren gegangen, das anfänglich ganz verheißungsvoll erschien.

Es wird Lehmann also gar nichts anderes übrig bleiben, als zu stechen, damit er aus der Zwickmühle herauskommt und nicht in einem fort eine Karte nach der anderen in der langen Farbe von Meier vorgespielt bekommt. Aber ach – Meier passt auf wie ein Schießhund! Zieht Lehmann nun Trumpf, so übernimmt er, wenn er kann, mit einer höheren Trumpfkarte und – spielt wieder seine lange Farbe. Oder aber er wartet, bis Lehmann eine Karte in einer Fehlfarbe zieht, die Meier übernehmen kann. Und – wieder kommt er Lehmann mit seiner lästigen langen Farbe! Sie sehen also, dass es sehr viel Sinn hat, die Regel: „Dem Freunde kurz – dem Gegner lang" zu beherzigen.

Wie es Ausnahmen von jeder Regel gibt, so auch von dieser. Setzen wir den Fall, dass Meier in Trumpf ganz gut besattelt ist, sodass er gern Trümpfe zum Einstechen verwenden will, ehe diese ihm von Lehmann abgeholt werden. Da spielt er dann eine blanke Karte. In dieser Farbe wird er dadurch renonce und kann dann stechen. Krause, der ja pfiffig ist, übersieht nach seinem Blatt, dass Meier gegen die Regel gespielt hat, denn er selbst ist in der von Meier angespielten Farbe ganz gut besattelt. Er zieht also, sowie er am Spiel ist, diese Farbe nach, Meier setzt einen kleinen Trumpf davor und Lehmann sieht mit Betrübnis auf diese Weise seine Zehn in dieser Farbe, die er allein noch hat, dahingehen.

Und Meier kann auf diese Weise kleine Trümpfe, die er sonst an Lehmann hätte abgeben müssen, teuer verstechen. Außerdem bringt er durch Übernahme eines Stichs Lehmann ja wieder in Mittelhand, was immer wünschenswert ist.

Mitunter geschieht auch Folgendes: Lehmann sagt „Herz" an. Krause, der Vorhand ist, besitzt nur einen einzigen Trumpf, und zwar einen kleinen. Er spielt diesen sofort an, obwohl die Gegenspieler im Allgemeinen ja nicht Trumpf ziehen, sondern warten, bis ihr Gegner ihnen mit Trumpf kommt. Warum tut Krause das? Er will seinem Mitspieler Meier dadurch zeigen, dass er eben nur diesen einzigen Trumpf hat. Nun weiß Meier genau, wie die Trümpfe sitzen, denn gedrückt sind bestimmt keine! Der Spieler müsste erst noch geboren werden, der Karten von seiner Trumpffarbe in den Skat legt! Meier kann sich nun also seelenruhig seine Stiche aussuchen und darf sicher sein, dass sein Mitspieler Krause ihm darauf Augen zuwerfen wird. Hat Lehmann jedoch eine stolze, lange Trumpfflöte, so macht das auch nichts. Er spielt dann sowieso „von oben herunter", und das Spiel ist für ihn unverlierbar.

Eine weitere beherzigenswerte Regel ist diese: Hat einer der Gegenspieler den Karo-Buben im Blatt, so soll er diesen seinem Mitspieler dadurch zeigen, dass er ihn sogleich auf den vom Gegenspieler geforderten Trumpf zugibt. Warum? Das will ich Ihnen anhand eines Spiels erläutern.

Lehmann spielt Herz und hat:

Kreuz-Bube, Pik-Bube, Herz-König, Herz-Neun, Herz-Acht.

Meier hat:

Herz-Bube, Herz-Ass, Herz-Zehn.

Krause hat:

Karo-Bube, Herz-Dame, Herz-Sieben.

Gibt Krause auf den angespielten Pik-Buben nun gleich den Karo-Buben zu, so weiß Meier, dass der Karo-Bube nicht beim Alleinspieler sitzt. Sein Herz-Bube, sein Herz-Ass und seine Herz-Zehn sind also gleichwertig, weil der dazwischensitzende Karo-Bube ja auf dem Tisch liegt. Er braucht den Herz-Buben also nicht zu halten, sondern kann ihn zugeben. Auf den danach ausgespielten Pik-Buben muss er allerdings seine Trumpf-Zehn opfern. Aber sein Ass macht nun bestimmt einen Stich. Wäre der Karo-Bube nicht auf den Tisch gekommen, hätte Meier seinen Herz-Buben halten müssen. Und der hätte nur zwei Augen eingebracht, statt deren elf, die das Ass bringt. Das ist immerhin eine Differenz von neun Punkten, die unter Umständen das Spiel zugunsten der Gegenspieler entscheiden können.

Spieler in Mittelhand

Wir haben bereits mehrmals darauf hingewiesen, dass der Spieler nach Möglichkeit immer wieder in Mittelhand gebracht werden soll. Das ist sehr wichtig, weil er ja dann sofort bedienen, übernehmen, stechen oder abwerfen muss, sich also zu entscheiden hat, ohne zu wissen, was sein Gegenspieler in Hinterhand zu tun gedenkt. Oder umgekehrt: hat Krause eine Karte hingelegt, gibt Meier eine zu oder übernimmt den Stich. Lehmann, der Alleinspieler, übersieht die Lage und kann sich so verhalten, wie es für ihn am günstigsten ist. Und gerade das soll ja verhindert werden, denn das Bestreben der Gegenspieler ist es, die strategisch beste Position zu beziehen und dem Alleinspieler das Leben so schwer wie möglich zu machen. Meier ist also mit Recht auf Krause ärgerlich, wenn dieser „von hinten" immer wieder eine Farbe bringt, die bei ihm und Lehmann gar nicht mehr vorhanden ist. Damit ärgert er den Alleinspieler keineswegs, denn der sieht ja, was Meier abwirft, um ihn zum Stechen zu zwingen. Oder er selbst muss stechen, damit er Lehmann wieder in Mittelhand bringt. Beides ist ungünstig, denn wer gibt schon gern Augen weg? Und wer vergeudet gern Trümpfe? Krause muss also seinerseits lieber ein paar Augen opfern, damit Meier übernehmen oder stechen kann und Lehmann wieder in Mittelhand gerät. Natürlich lässt sich dies nicht immer durchführen. Hat Meier etwa einen König in der

Fehlfarbe angespielt und Lehmann hat darauf eine Lusche weggeworfen, so wird Krause nicht mit der Sieben drunterbleiben, wenn er die Zehn oder gar das Ass hat. Selbstverständlich übernimmt er, um seine hohe Karte nach Hause zu bringen, wird aber nun seinerseits möglichst so geschickt spielen, dass er Meier wieder in Vorhand bringt. Der Spieler jedoch setzt alles daran, nicht in die Zwickmühle zu geraten. Deshalb sticht er drüber, wann immer er kann. Und darüber lachen sich dann unter Umständen wieder Meier und Krause ins Fäustchen, weil sie beobachten, wie ihre eigenen Trümpfe dadurch hoch werden und ihnen später sichere Stiche einbringen werden. Es ist eben nicht so einfach, sich als Alleinspieler gegen zwei gewiegte Gegner zu behaupten. Und darum wird besonders der Skatanfänger nur ganz sicher erscheinende Spiele ausreizen. Später freilich liegt der Zauber des Skatspiels gerade im Risiko, im Kampf also, dessen Ausgang durchaus nicht von vornherein entschieden ist. Immerhin – bei aller Vorsicht wird der Anfänger zunächst manch ein Spiel aufs Verlustkonto buchen müssen, denn er macht Fehler, die sich verhängnisvoll auswirken. Dadurch soll er sich aber nicht entmutigen lassen, sondern im Gegenteil dankbar sein für das Lehrgeld, das er zahlt. Aus nichts lernt man so gut, wie aus den eigenen Fehlern! Und wenn der Anfänger nicht Allein-, sondern Mitspieler ist, wird er in der ersten Zeit manchen Tadel seines Partners einstecken müssen, der meist mit den Worten beginnt: „Mensch, wie konntest du …!“ Dann soll er sich nicht die Butter vom Brot nehmen lassen, sondern entgegnen: „Schließlich hast auch du mal angefangen und Fehler gemacht!“ Interessante Spiele sollte der Anfänger sich sogleich notieren, um sie hernach im stillen Kämmerlein für sich immer wieder durchzuspielen, alle Möglichkeiten erwägend, alle Schwächen und Fehler ausmerzend. Das ist ein Denksport, der nicht nur Spaß macht, sondern ungemein übt. Und – im stillen Kämmerlein ist kein eifriger Mit- und Gegenspieler, der ihn bei jedem Fehler sogleich mit Scheltworten kopfscheu machen könnte. Beim Skat wird nun einmal geschimpft, das liegt in der Natur der Sache. Es gibt heiße Köpfe und hitzige Diskussionen, und das Vokabular, dessen man sich bedient, ist nicht unbedingt salonfähig. Aber das Schelten gilt nicht dem Menschen, sondern allein dem Spieler. Und das ist ein großer Unterschied!

Trumpf ist die Seele des Spiels

Meistens wenigstens! Es gibt beim Reizen nämlich zwei Möglichkeiten: entweder der Spiellustige reizt auf seine reichlichen Trümpfe, oder er reizt auf die gute Nebenkarte. Im ersten Falle muss er Trumpf ziehen, und immer wieder Trumpf. Hat er etwa die Buben und dazu noch König, Dame und klein, dann spielt er munter von oben runter, bis alle

Trümpfe gefallen sind. Er weiß ja: elf Trümpfe sind im Farbenspiel. Sind also neun gefallen, und er hat noch zwei, dann machen diese beiden sichere Stiche. Keiner kann sie ihm wegnehmen. Hat er aber nur den Karo-Buben, die Trumpf-Zehn, den Trumpf-König, die Trumpf-Neun, Trumpf-Acht und Trumpf-Sieben, dann kann er nicht von oben herunter spielen, sondern er zieht erst einmal klein, getreu dem Grundsatz: die Kleinen holen die Großen! Das geht auch ganz gut, es sei denn, die ihm fehlenden Trümpfe sitzen in einer Hand gegen ihn. In dem Falle wird man ihm sowieso Contra bieten, und er muss dann besonders vorsichtig und überlegt zu Werke gehen. Bei so einem Kartensitz wie der letztgenannte, kann es dem Spieler passieren, dass der Spieß umgedreht wird. Dann sagt sich nämlich sein Gegner, der die hohen Trümpfe in seiner Hand vereint hält: „Für mich ist Trumpf jetzt die Seele des Spiels." Und dann zieht er von oben runter seine Trümpfe, nämlich die drei Buben. Sein Mitspieler, der keinen Trumpf hat, schmiert kräftig, die Gegner haben das Spiel gleichsam im Spazierengehen gewonnen. Das war dann eben ein ganz schlechter Sitz, d.h. eine für den Spieler sehr unglückliche Verteilung der Karten. Dagegen ist kein Kraut gewachsen. Da muss auch der gewiefteste Skatspieler kapitulieren.

Nun der zweite Fall, in dem der Alleinspieler kurz ist in Trumpf, aber eine gute Nebenkarte hat. In solchem Fall geht er „auf die Dörfer", d.h. er zieht erst mal die Asse in den Fehlfarben. Sofern er Asse und Zehnen hatte, wird er zwei Asse in den Skat gelegt haben und nur die Zehnen behalten. Wenn er Glück hat, gehen die Stiche alle durch. Er kann sein Spiel schon gewonnen haben, ehe überhaupt ein Trumpf auf den Tisch kam. Hat er Pech, d.h. ist einer der Gegner in der Farbe, in der er das Ass oder die Zehn ausspielte, Renonce, dann kostet das die Gegner einen Trumpf. Der Alleinspieler weiß nun: „Aha, in dieser Farbe sitzt alles gegen mich in einer Hand!“ Er wird also die Farbe wechseln. Oder aber, wenn er Ass und Zehn nach Hause gebracht hat, spielt er auch noch den König hinterher. Ein Gegenspieler muss klein zuwerfen, der andere wird eine Lusche wegwerfen, denn es lohnt nicht, vier Augen einzustechen. Sticht er aber doch – umso besser. Dann ist wieder ein Trumpf gefallen. Sind auf diese Weise also schon zwei Trümpfe weg, kann der Alleinspieler sich wieder auf die Regel besinnen, dass Trumpf die Seele des Spiels ist. Er zieht nun Trumpf, klein oder von oben, wie es gerade nützlich erscheint oder möglich ist. Ein solch gutes Blatt ist oft dazu geeignet, als Grand gespielt zu werden.

Es gibt bestimmt nicht wenig Spieler, die den Grundsatz vertreten: Gleich wie viele Trümpfe ich habe, ich ziehe welche, denn meine gute Beikarte verhilft mir immer wieder, an das Spiel zu kommen.

Anfänger möchte ich jedoch davor warnen, auf die gute Nebenkarte zu reizen. Sie sollen sich lieber daran halten, dass ein Spiel umso sicherer ist, je mehr Trümpfe man in der Hand hält. Und dann – nicht auf die Dörfer gehen, sondern immer wieder mit Trumpf kommen!

Mitzählen ist wichtig!

Sie wissen, dass es das Ziel des Spielers ist, mindestens einundsechzig Augen einzubringen, denn andernfalls hat er verloren. Und ebenso ist es das Ziel der Gegenspieler, mindestens sechzig Augen einzuheimsen, denn dann haben sie gewonnen. Die erste Klippe ist genommen, die Gegenspieler sind „aus dem Schneider". Nun kommt es für sie nur noch darauf an, entweder zu gewinnen oder zu verlieren. Sie zählen also die Augen in ihren Stichen sorgfältig mit. Das Mitzählen der Augen beim Alleinspieler nützt ihnen nichts, weil sie ja nicht wissen, wie viele Augen er weggedrückt hat. Sind die Gegenspieler nun beim Mitzählen bis neunundvierzig gekommen, so sagen sie sich: ein Ass noch, und das Spiel ist für uns gewonnen! Sie riskieren also „die ganze Miete", was sie nicht täten, wenn sie nicht mitgezählt hätten. Geht das Ass durch, dann – hurra! – haben sie gewonnen. Geht es nicht durch, wäre ohnehin nichts mehr für sie zu holen gewesen. Der Alleinspieler hat den Sieg errungen. Wer mitzählt, wird sich also gegen Ende des Spiels nicht mehr auf gewagte Winkelzüge einlassen, wie Augen schonen, einen Schnitt versuchen und dergleichen. Er hat es nicht nötig, denn für ihn gibt es ja nur noch das Entweder – Oder. Ein sehr guter Alleinspieler wird nicht nur seine eigenen Augen mitzählen, sondern auch die seiner Gegner.

Geradeso wie die Gegenspieler, zählt natürlich auch der Alleinspieler die Augen mit. Und zwar seine, denn er weiß ja, wie viele er als Grundlage weggedrückt hat. Dies Mitzählen ist ungeheuer wichtig, denn es bewahrt den Alleinspieler davor, leichtfertig etwas zu riskieren, wenn das gar nicht mehr nötig ist.

Nun werden aber nicht nur die Augen gezählt, sondern auch die Trümpfe. Elf sind draußen beim Farbenspiel, vier beim Grand. Wer es versäumt, die Trümpfe, die fallen, mitzuzählen, muss unter Umständen teuer dafür bezahlen. Es ist ihm entgangen, dass da noch eine kleine Trumpfkarte beim Gegner sitzt, die er andernfalls mit einem höheren Trumpf leicht hätte abholen können. Jetzt zieht er also getrost und guten Mutes ein Ass der Fehlfarbe und muss zu seinem Entsetzen erleben, dass es, da diese Farbe bei einem Gegenspieler nicht mehr vorhanden ist, mit dem lächerlichen kleinen Trumpf weggestochen wird. Das kann entscheidend sein, denn durch eine solche Unachtsamkeit geht vielleicht das im Grunde sichere Spiel verloren. Unter Umständen wird es auch gefährlich, wenn man Trumpf zieht, denn in diesem Falle macht man sich Trumpf schwach und kann vielleicht zu einem späteren Zeitpunkt

nicht mehr einstechen. Deshalb muss nochmals mit aller Deutlichkeit gesagt werden, Trümpfe nachhalten ist eine wichtige „goldene Regel" des Skatspiels.
Auch die Gegenspieler zählen die Trümpfe, denn sie setzen ja alles daran, diese herauszulocken, bis keiner mehr vorhanden ist, um dann ihrerseits gefahrlos hohe Karten der Fehlfarben nach Hause bringen zu können. Und nicht nur wie viele Trümpfe gefallen sind, müssen die Spieler wissen, sondern auch welche! Die **Anzahl** genügt also nicht, auf den **Wert** kommt es ebenso an. Weiß Lehmann zum Beispiel, dass bei seinem Gegenspieler Krause nur noch drei Trümpfe sitzen, so nützt ihm das wenig, wenn er nicht ebenso weiß, welche es sind. Denn Trumpf ist ja nicht gleich Trumpf. Die Sieben ist ungefährlicher als der Bube, das Ass zählt mehr als die Dame.
Ideal ist folgender Fall: Die Gegenspieler wissen, dass beim Alleinspieler noch drei Trümpfe sitzen und zwar kleine. Nun hat einer der Gegenspieler auch noch drei Trümpfe, und zwar höhere. Sein Mitspieler hat keinen Trumpf mehr. Was tut der in Trumpf gut besattelte Gegenspieler? Er versucht, in Vorhand zu kommen und holt nun die Trümpfe des Alleinspielers dadurch ab, dass er der Reihe nach seine hohen Trümpfe ausspielt. Der bedauernswerte Alleinspieler muss seine kleinen Trümpfe zuwerfen, der andere Gegenspieler schmiert wacker hochwertige Karten. Das Spiel wird zugunsten der Gegenspieler entschieden.

Die bösen Maurer

Was hat der Maurer mit dem Skat zu tun? Es handelt sich hier keineswegs um den braven Handwerker, der uns ein Haus baut, sondern um eine recht unerfreuliche Abart des Skatspielers. Im Skatjargon ist der Maurer ein Mann – oder auch eine Frau, denn es gibt ebenso begeisterte und befähigte Spielerinnen wie Spieler –, der sein ziemlich gutes Blatt nie ausreizt, sondern stattdessen passt, um den Alleinspieler dann hereinzulegen, nachdem er ihm möglichst noch Contra geboten hat. Selbstverständlich ist es stets das Ziel der Gegenspieler, den Alleinspieler umzulegen, aber nicht auf unfaire Weise! „Mauern", also lieber auf sein Spiel verzichten, bloß um den Alleinspieler, der sich ja auf ehrliches Reizen verlässt, in den Abgrund zu stürzen, ist jedoch höchst unfair. Der Maurer sagt also nichts oder höchstens „18". Dann passt er und – lauert auf die Beute! Man merkt sehr bald, ob man es mit einem solchen Maurer zu tun hat, und man kann sich in gewisser Weise gegen ihn schützen. Einmal dadurch, dass man selbst sehr vorsichtig reizt, zum anderen dadurch, dass man selbst bei mittelmäßigem Blatt von vornherein passt. Sitzt der Maurer in Hinterhand, wird er, der ja seiner Natur gemäß nicht gern etwas riskiert, auch passen. Es wurde also gar nichts angesagt, was zur Folge hat, dass Ramsch gespielt wird. Und beim Ramsch fällt der Maurer denn auch oft herein. Den Ramsch verliert in der Regel derjenige, der das relativ beste Blatt hat.

Schließlich kann man sich des Maurers dadurch erwehren, dass man ihm seine Unfairness auf den Kopf zusagt und ihn vor die Alternative stellt: „Entweder du spielst ehrlich mit uns – oder gar nicht! Wir werden gewiss einen dritten Mann finden, der deinen Platz ausfüllt.“ Das hilft immer, wenngleich nur für eine gewisse Zeit. Dann fällt der Maurer wieder in seinen alten Fehler zurück und muss aufs Neue zurechtgewiesen werden.

Bluff

Bluffen ist nicht unfair! Jeder Spieler hat das gute Recht, sein Blatt zu verschleiern, die Gegner irrezuführen und dadurch das Beste für sich selbst herauszuholen. Nehmen wir an, Sie haben ein schwaches Spiel. Ihr Glück ist, dass Sie von einer Farbe nur eine Karte haben, die Sie hoffentlich billig loswerden. Die betreffende Farbe kommt also auf den Tisch. Sie ziehen nun ihre blanke Karte nicht sofort, sondern geben sich den Anschein, als hätten Sie die Wahl zwischen mehreren. Sie fassen also erst hierhin, ziehen eine Karte halb heraus, stecken sie wieder zurück, fassen dorthin, ziehen Ihre blanke Karte. Die Gegenspieler, die erfahrungsgemäß jede Geste und jeden Gesichtsausdruck des Gegners genau beobachten, ziehen nun den Schluss: „Aha, von der Farbe hat er hoch was!“ Und daraufhin kommt nun das Ass dieser Farbe auf den Tisch. Sie, der nichts mehr in dieser Farbe hat, stechen ein. Sie haben durch das kleine Manöver also ein wertvolles Ass „gefangen", das Ihnen sonst nie zugefallen wäre. Und wenn die Gegner nun schelten, dann dürfen Sie getrost erklären: „Ihr sollt nicht **mich** beobachten, sondern nach **Eurer Karte spielen. Ihr seid also selbst schuld, wenn Ihr falsche Schlüsse gezogen habt.**"

Zum Kapitel Bluff gehört es auch, dass Sie es sich nie anmerken lassen, wenn Sie schlecht im Skat fanden, oder dass Sie sonst wie im Druck sind. Dann ahnen die Gegner Ihre Schwäche. Und dann schlagen sie tapfer zu. Also – immer ein vergnügtes Gesicht machen, eine zuversichtliche Miene aufsetzen. Umso vergnügter, je höher Ihnen das Wasser am Halse steht. Der Bluffs gibt es noch viele. Sie werden schon von allein dahinter kommen. Man kann statt Bluffer auch höflicher, jedoch ebenso treffend sagen: „Sie sind ein guter Skat-Psychologe!" Schließlich ist jedes Spiel ein kleiner Dreikampf, und beim Kampf ist nun einmal jede Waffe recht.

Der Kiebitz

Ebenso, wie der Maurer im Skatjargon kein Handwerker ist, ist der Kiebitz kein Vogel. Der Kiebitz ist vielmehr einer, der vom Skat viel versteht (oder sich das doch einbildet). Er gesellt sich der Spielrunde zu, ohne selbst mitzuspielen. Am liebsten umwandert er den ganzen Tisch, sieht sich jedes einzelne Blatt an und – kennt nun also alle Karten und deren Verteilung. Da ist's nicht schwer, klug zu sein, nicht wahr? Allein dies in die Karten-Gucken ist schon störend. Wenn der Kiebitz nun aber wenigstens den Mund hielte. Manchmal tut er's, aber dann ist seine Miene so beredt, drückt beispielsweise beim Anblick eines guten Spiels begeistertes Staunen aus, beim Anblick eines schlechten jedoch tiefen Kummer, dass die Spieler schon daraus mehr entnehmen können als recht und billig ist.

Meist ist der Kiebitz aber nicht stumm, sondern tut den Schnabel auf und stimmt seinen hässlichen Gesang an. Das klingt dann so: „Mensch, Meier, du musst doch die Zehn anbieten!" Oder: „Nicht doch die lange Farbe von hinten!" Oder: „Trümpfe rausholen. Immer von oben runter!" So was hat keiner gern, denn es verwirrt und bringt die Spieler, die sich ja ihren Kriegsplan aufgestellt haben, völlig aus dem Konzept. Noch schlimmer wird es, wenn der Kiebitz gar die Hände nicht stillhalten kann, sondern beherzt eingreift, indem er Ihnen ins Blatt fällt und forsch diese oder jene Karte zieht, die sie gar nicht anspielen oder zuwerfen wollten. Dann muss man ihm gehörig auf die Finger klopfen, wenn auch nicht wörtlich, so doch im übertragenen Sinn. Nur keine zarten Töne gegenüber dem Kiebitz. Schweres Geschütz ist gerade richtig, zumal der Kiebitz, dieser hässliche Vogel, gegen

Kanonendonner taub ist. Daheim, in der häuslichen Skatrunde, geht das ja noch. Man lädt von vornherein zwei Spieler ein, sodass keiner zum Kiebitzen übrig bleibt. Wie aber, wenn sich noch ein unerwarteter Gast einfindet? Auch da gibt es einen Ausweg, auf den wir im folgenden Abschnitt zu sprechen kommen werden.

Der vierte Mann

Gesellt sich so ein unerwünschter Vierter zur Runde, so macht man einfach einen erwünschten aus ihm, indem man ihn zum Mitspielen auffordert. Unsere Skatrunde: Lehmann, Krause, Meier erweitert sich also um den Vierten, den wir Schmidt nennen wollen. Die Sitzordnung sieht nun so aus:

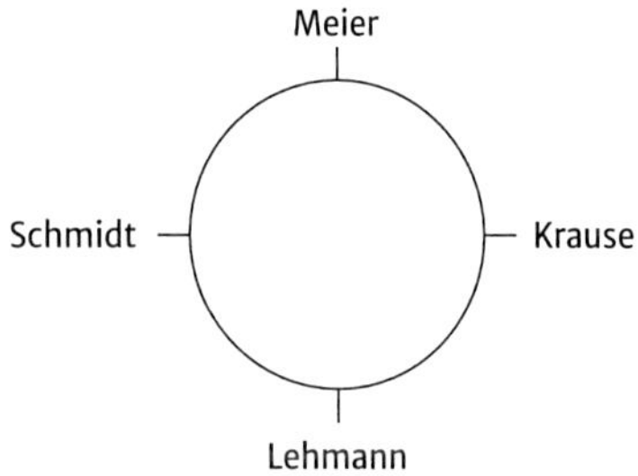

Da nur immer drei Spieler gleichzeitig spielen können, muss einer „sitzen", er spielt also nicht mit. Es „sitzt" immer der von Vieren, der das Spiel gegeben hat. Schmidt, zwischen Lehmann und Meier, gibt das Spiel, weil sich das durch Ziehen der Karten so ergeben hat. Er teilt aus, wie wir das anfänglich gelernt haben, legt – unbesehen! – den Skat in die Mitte des Tisches und enthält sich nun möglichst des In-die-Karten-Guckens, denn sonst wird er ja wiederum zum Kiebitz. Lehmann, im Uhrzeigersinn vor Schmidt sitzend, ist nun also Vorhand. Er wird von Krause gereizt. Meier ist Hinterhand.

Das nächste Spiel gibt Lehmann, das folgende wird von Krause gegeben, das dritte von Meier. Und dann ist wiederum Schmidt an der Reihe, die Runde hat sich vollendet.

So ein Viererskat macht übrigens viel Spaß, es ist ganz nett, wenn sich jeder einmal zwischendurch erholen und ausruhen darf und nichts zu tun hat, als den Spielverlauf aufmerksam zu verfolgen, was wiederum ganz lehrreich ist für den „Sitzer". Allerdings gehört Charakterfestigkeit dazu, stumm zu bleiben, und durch Mienenspiel weder Unwillen noch Besserwisserei kundzutun. Und ein Besserwisser ist der jeweils „Sitzende" immer! Darauf können Sie sich verlassen. Er ist's wirklich, denn es ist ja sehr viel einfacher, unbeschwert zuzusehen, als selbst dem Druck der Verantwortung ausgesetzt zu sein. Man ist dann innerlich viel freier und – demgemäß scharfsichtiger und scharfsinniger. In der Skatordnung steht, dass der Skat vom Kartengeber nicht eingesehen werden darf. Ebenso

darf er nicht in die Karten eines linken und rechten Nachbarn hineinschauen. Er darf immer nur nach einer Seite kiebitzen.
Sollten Sie also irgendwann einmal der vierte Mann sein, so halten Sie sich gut im Zaum. Durch neutrale Haltung machen Sie sich höchst beliebt. Noch etwas ist beim Vierskat zu bedenken. Das Anschreiben und Abrechnen ändert sich. Wir werden das behandeln, wenn wir zum Kapitel Buchführung gelangen.

Der Bierlachs

Das ist eine Abart des Skats, wie sie vorwiegend im Restaurant beliebt ist. Hierbei werden allein die Minuspunkte angeschrieben, (wir gehen beim Kapitel „Anschreiben" und „Abrechnen" darauf ein, wie es vor sich geht). Man spielt so lange, bis einer der Spieler fünfhundert und einen Minuspunkt erreicht hat. Das ist dann der Verlierer, der eine Lage für die Skatrunde ausgeben muss. Meist handelt es sich um eine Lage Bier, deswegen der Name „Bierlachs". Nun will natürlich keiner gern Verlierer sein. Kritisch wird die Lage für denjenigen, der sich der 501 bedenklich nähert. Nimmt jetzt einer der Mitspieler ein Spiel und gewinnt er es, dann wird sein Gewinn den beiden anderen als Minus angeschrieben. (Wir sagten ja, beim Bierlachs gibt es nur Minuspunkte.) Das würde unter Umständen bedeuten, dass der gefährdete Mann die 501-Grenze überschreitet. Er muss die Runde zahlen. Der Bierlachs ist beendet. Um das zu verhindern, bleibt demjenigen, der sich in der Gefahrenzone befindet, gar nichts anderes übrig, als nach Möglichkeit selbst zu spielen und – zu gewinnen. Dann wird sein Gewinn den Gegnern als Minus angeschrieben, wodurch vielleicht ein anderer in die Gefahrenzone gerät. Beim Bierlachs nimmt der Gefährdete also ganz zwangsläufig auch Spiele, die nur geringe Aussicht auf Erfolg bieten. Es geht ja dabei ums Entweder – Oder. Er könnte allerdings auch „mauern" und dadurch einen der nicht gefährdeten Mitspieler hereinzulegen versuchen. Aber abgesehen davon, dass Mauern in jedem Fall unfair ist, wird ihm dies auch schon deshalb nicht gelingen, weil die ungefährdeten Mitspieler sehr zurückhaltend oder gar nicht reizen. Sie brauchen es ja nicht, denn sie haben nichts zu riskieren, befinden sich durchaus nicht im Dilemma. Sie werden also nur todsichere Spiele ausreizen, und da wiederum muss der Gefährdete nach Möglichkeit mithalten und Kopf und Kragen riskieren. Wird nämlich das todsichere Spiel des Gegners von diesem gewonnen, dann ergibt dessen Gewinn für die beiden anderen die entsprechenden Minuspunkte. Und damit hätte er ja dann dem an der Grenze stehenden Skatfreund „über den Berg" geholfen. Dieser hätte jetzt mehr als fünfhunderteins. Verloren!

So ein Bierlachs ist also nicht ohne Reiz. Es ist spannend zu beobachten, wie der Mann in der Gefahrenzone mit ein wenig Glück und viel Verstand den Kopf doch noch aus der Schlinge zieht. Geradeso spannend ist es natürlich für die Ungefährdeten, wenn sie erleben dürfen, wie ihr armer Skatbruder endgültig „baden geht". Meist bleibt es nicht bei einem Bierlachs, denn man ist ja gleichsam moralisch verpflichtet, dem Verlierer Revanche zu geben, d. h. die Chance, den nächsten Lachs zu gewinnen und somit ebenfalls in den Genuss einer Lage zu kommen, die er nicht bezahlen muss. Wann aber endet nun so ein Spielabend, der nicht durch fünfhundert und einen Punkt begrenzt ist? Das ist allein Sache der Vereinbarung. Man spielt eine gewisse Zeit. Wenn man das Gefühl hat, dass man jetzt zum Ende kommen müsse, sagt man die drei letzten Runden an. Das sind also noch dreimal drei = neun Spiele. Meist werden diese drei letzten Runden in „Bock" gespielt. Sie zählen also, den Gewinn, sowie den Verlust betreffend, jeweils doppelt. Durch dieses doppelte Zählen gibt man demjenigen, der schlecht steht, noch eine letzte Chance, sich zu verbessern. Behält er seine Pechsträhne aber bei, kann er sich natürlich auch noch erheblich verschlechtern. Das ist ja der Reiz der Ungewissheit, der gerade das Skatspiel mit seinem schnellen Wechsel so faszinierend macht.

Das Anschreiben

Beim Drei-Mann-Skat sieht die Buchführung so aus:
Wer die höchste Karte zog, also als Erster gibt, setzt seinen Namen als Ersten auf die Liste. Sagen wir, es ist Meier. Das sieht dann so aus:

Meier	Lehmann	Krause	Spiele	Bockrunden
– 36	—	—	– 36	
—	+ 40	—	+ 40	
—	+ 86	—	+ 46	
—	—	+ 120	+ 120	
– 124	—	—	– 88	
—	+ 146	—	+ 60	
– 4	—	—	+ 120	
+ 44	—	—	+ 48	
—	—	+ 80	– 40	
—	+ 192	—	+ 46	
+ 94	—	—	+ 50	
—	+ 142	—	– 50	
—	—	+ 103	+ 23	
—	—	+ 147	+ 44	
—	—	+ 101	– 46	
+ 140	—	—	+ 46	
—	+ 102	—	– 40	
—	—	– 2	+ 43	

Was kann man aus dieser Tabelle ablesen? Meier hat das erste Spiel gemacht und verloren. Es war ein einfacher Karo. Karo = achtzehn. Verloren zählt stets doppelt, also werden ihm sechsunddreißig Minuspunkte angeschrieben. Das Spiel wird außerdem in der Rubrik „Spiele" notiert. Das ist eine gute Kontrolle, denn es kann ja vorkommen, dass dem Buchhalter beim Addieren oder Subtrahieren einmal ein Fehler unterläuft, der dann in der „Spiele-Spalte" leicht aufgedeckt werden kann. Das zweite Spiel machte Lehmann und gewann. Es war etwa ein Herz mit dreien. Mit dreien, Spiel vier mal zehn = vierzig. Auch das dritte Spiel machte Lehmann. Er gewann sechsundvierzig, die seinem ersten Gewinn gleich zuaddiert werden.

Jetzt kommt ein durchgehender Querstrich. Er gestattet eine gute Übersicht, man kann dann leicht ablesen, wie viele Spiele in jeder Runde bereits gemacht wurden, also auch, wer mit dem Geben an der Reihe ist. Es ist nämlich kaum zu glauben, aber wahr, dass man oft genug vergessen hat, wer soeben gegeben hat.

In der zweiten Runde kommt nun Krause endlich zum Zuge. Er gewinnt hundertzwanzig, einen Grand mit vieren, Spiel fünf. 5 x 24 = 120. Ein Grand, der hundert oder mehr Punkte eingebracht hat, hat eine Bockrunde zur Folge. Dafür wird nun in der hierfür vorgesehenen Spalte ein senkrechter Strich gemacht. Jedes durchgeführte Bockspiel wird mit einem Querstrich abgezeichnet. Meier, der ohnehin schon im Minus ist, verliert das erste Spiel der Bockrunde, einen einfachen Pik, der zweiundzwanzig zählt. Verloren wird doppelt gerechnet, also vierundvierzig. Es ist aber Bockrunde, in der Gewinne und Verluste nochmals verdoppelt werden. Derart kommt Meier auf achtundachtzig Minuspunkte. Achtundachtzig und sechsunddreißig sind hundertvierundzwanzig, leider mit negativem Vorzeichen.

Jetzt gewinnt Lehmann ein Spiel, das dreißig gute Punkte einbringt. Weil wir in der Bockrunde sind, erhält er sechzig Pluspunkte, die den sechsundachtzig guten zugeschrieben werden, die er schon hat.

Dies mag genügen. Verfolgen Sie selbst den weiteren Verlauf der Tabelle, rechnen Sie mit. Werfen Sie zur eigenen Kontrolle immer wieder einen Blick auf die unter „Spiele“ gemachten Notierungen. Wie viel Runden sind von Krause, Meier und Lehmann laut Tabelle gespielt worden? Richtig, sechs Runden. Sie können das schnell ermitteln, wenn Sie die Querstriche zählen. Wie viel Minusspiele, wie viel Plusspiele? Die Rubrik „Spiele“ gibt Auskunft. Es gibt verschiedene Methoden der Buchführung. Die hier gezeigte ist die guterprobte und bestbewährte. Ich empfehle Ihnen, sich daran zu halten, weil dabei Irrtümer so gut wie ausgeschlossen sind.

Wie sieht nun die Buchführung beim Vier-Mann-Skat aus? Auch hierzu ein übersichtliches Beispiel:

Meier	Schmidt	Lehmann	Krause	Spiele	Bockrunden
—	+ 36	—	—	+ 36	
+ 92	—	—	—	+ 92	
—	+ 96	—	—	+ 60	
—	—	+ 18	—	+ 18	
—	—	62	—	+ 44	
+ 48	—	—	—	− 44	
—	+ 132	—	—	+ 36	
—	—	+ 2	—	− 60	
—	—	—	+ 80	+ 80	
—	—	—	+ 124	+ 44	
0	—	—	—	− 48	
—	—	+ 56	—	+ 54	
—	—	—	+ 100	− 24	
+ 45	—	—	—	+ 45	
—	+ 156	—	—	+ 24	
—	—	+ 23	—	− 33	
—	− 116	—	—	− 40	
+ 90	—	—	—	+ 45	
—	—		+ 136	+ 36	
—	—	+ 73	—	+ 50	

Es wurden also fünf Runden mit insgesamt zwanzig Spielen gemacht. Bockrunden sind nicht entstanden. Von den zwanzig Spielen gingen sechs verloren. Auf denjenigen, der beim Viererskat gab, also nicht mitmachte, entfallen naturgemäß während seines „Sitzens“ keine Spiele. Sie sehen also, dass man alles Wesentliche leicht, gleichsam mit einem Blick, aus der Buchführungstabelle ablesen kann.

Selbstverständlich will auch das richtige Anschreiben geübt sein. Wenn Sie also die Übungsspiele „im stillen Kämmerchen“ durchführen, die ich Ihnen empfahl, so machen Sie dazu auch gleich die notwendige Buchführung.
Beim Bierlachs sieht die Buchführung anders aus. Es gibt da nur Minuspunkte.

Meier	Lehmann	Krause	Spiele	Bockrunden
– 40	—	– 40	– 40	
—	– 59	– 99	+ 59	
– 88	—	—	+ 44	
—	– 179	– 219	+ 120	
—	271	311	– 92	
– 148	– 133	—	+ 60	
—	– 397	– 377	+ 66	
—	—	– 423	+ 46	
– 203	– 452	—	– 55	
—	– 532	—	– 80	

Auch diese Tabelle ist sehr aufschlussreich. Wir lesen ab: Lehmann gewann das erste Lachsspiel mit vierzig. Er bekommt nichts angeschrieben, aber die beiden Verlierer erhalten vierzig Minuspunkte. Das zweite Spiel, einen Null-ouvert aus der Hand, gewann Meier. Entsprechend werden Lehmann und Krause je neunundfünfzig Minuspunkte angekreidet. Das folgende Spiel hat Meier verloren. Er

bekommt seinen Verlust angeschrieben. Lehmann und Krause gehen leer aus. Jetzt aber holt Meier auf. Er gewinnt einen Grand, der ihm hundertzwanzig Punkte einträgt. Diese erscheinen als Minuswerte bei Lehmann und Krause. Damit ist eine Bockrunde entstanden. Meier gewinnt einen Null-ouvert, der ja nun wegen der Bockrunde doppelt zählt und zweiundneunzig einbringt. Je zweiundneunzig Minuspunkte für die Gegenspieler.
Bitte verfolgen Sie selbst anhand der Tabelle den weiteren Spielverlauf. In der dritten Runde gerät Lehmann in die Gefahrenzone. Er spielt Herz einfach, bekommt von Krause Contra geboten und verliert sein Spiel. Es kostet: Herz mit einem, Spiel zwei, verloren vier, Contra acht = achtzig Minuspunkte. Und damit hat der arme Lehmann die Grenze von fünfhunderteins überschritten. Er muss eine Lage Bier ausgeben. Der Lachs ist zu Beginn der vierten Runde also bereits entschieden. Die Bockrunde, die durch Lehmanns verlorenen Contra entstand, braucht nicht mehr gespielt zu werden.

Die Abrechnung

Im Allgemeinen spielt man Skat um Geld. Es geht dabei freilich nicht um große Summen, denn der Skat soll ja nicht zum Glücksspiel ausarten. Im Allgemeinen begnügt man sich damit, um den Zehntelcent zu spielen. Wem das

Geld aber lose in der Tasche sitzt, der spielt um den halben Cent, wenn nicht gar um den ganzen. Aber das sind dann schon „kapitalistische Auswüchse“, wie sie am Stamm- und Familientisch kaum vorkommen. Man will sich ja nicht bereichern, sondern dem Spiel durch einen gewissen Geldwert mehr Reiz verleihen. Es kommt hinzu, dass man in der Regel maßvoller reizt, wenn's um die Cents geht, die ja keinem allzu locker in der Tasche sitzen. Ohne Geldgewinn bzw. – Verlust würde manch ein übermütiger Skatspieler auch sehr unsichere Spiele ausreizen, was zur Folge hätte, dass ein anderer sein wirklich gutes Spiel nicht machen kann, weil er überreizt worden ist.

Auf unseren Buchführungstabellen, mit Ausnahme des Bierlachses, bei dem es ja allein darum geht, wer die nächste Lage Bier zahlt, wurde dem Gewinner sein Gewinn als Pluswert angeschrieben, sein Verlust wurde ihm abgezogen. Bei der Abrechnung wird aber auch der Gewinn bzw. der Verlust der übrigen Spieler berücksichtigt. Nehmen wir an, die drei Spieler Meier, Lehmann und Krause haben ihre letzte Runde hinter sich gebracht und wollen nun abrechnen. Der Stand sieht nach Beendigung der letzten Runde so aus:

Meier hat minus 448, Lehmann hat plus 120, Krause hat plus 296.

Also:

Meier	Lehmann	Krause
– 448	+ 120	+ 296

Meier hat an Lehmann 448 verloren und Lehmann hat von Meier noch 120 gewonnen. Meier hat also an Lehmann 568 verloren. Meier bekommt – 568 angeschrieben, Lehmann + 568. Meier hat aber auch an Krause seine 448 verloren, außerdem noch 296, zusammen also 744, die Krause seinerseits gewonnen hat. Krause + 744.

Lehmann hat zwar von Meier 568 gewonnen, an Krause aber hat er, da er 120 und Krause 296 gewonnen hat, 176 verloren. Zusammen hat Lehmann also 392 gewonnen. Krause hat von Meier 744 und von Lehmann 176, zusammen also 920 gewonnen.

Wenn man erwägt, dass jedem Spieler der Betrag seiner Spiele doppelt, der seiner Gegner jedoch einfach zu berechnen ist, so verliert Meier 896 (also zweimal 448) plus 120 plus 296 = 1312. Lehmann bekommt von jedem 120, das macht 240, von Meier bekommt er außerdem noch 448, im Ganzen also 688, wovon er jedoch an Krause 296 bezahlen muss, sodass ihm 392 bleiben. Krause bekommt von jedem 296, zusammen also 592, und dazu noch von Meier 448, zusammen also 1040. Hiervon muss er an Lehmann 120 zahlen, sodass ihm 920 verbleiben.

Meier	Lehmann	Krause
– 448	+ 120	+ 296
– 568	+ 568	+ 744
– 744	– 176	+ 176
– 1312	+ 392	+ 920

Anders sieht die Abrechnung beim Viererskat aus. Schmidt hat sich zu Meier, Krause und Lehmann gesellt, und als der Skatabend zu Ende ist, haben die Vier folgenden Stand erzielt:

Meier	Schmidt	Lehmann
+ 264	– 104	+ 512

Die Ausrechnung wird nun, wenn auch nicht komplizierter, so doch länger, denn die Berechnungen der Gewinne und Verluste umfassen ja nun vier Spieler statt deren drei. Wollen wir doch einmal feststellen, wer den Höchstgewinn des Abends davonträgt und wer am meisten zu zahlen hat. Es liegt auf der Hand, dass sich bei vier Spielern die Umsätze erhöhen, im Gegensatz zu den Ergebnissen, die die Ausrechnung bei drei Spielern ergibt.
Also gut mitrechnen!

Meier	Schmidt	Lehmann	Krause
+ 264	– 104	+ 512	– 316
+ 368	– 368	+ 248	– 580
– 248	– 616	+ 616	– 212
+ 580	+ 212	+ 828	– 828
+ 700	– 772	+ 1692	– 1620

Den Höchstgewinn des Abends streicht Lehmann ein. Er bekommt, da man um den Zehntelcent spielte, 1,69 Euro. Meier hat 0,70 Euro gewonnen. Zahlen müssen Schmidt und Krause, und zwar Schmidt 0,77 Euro, Krause 1,62 Euro. Rechnen Sie nach, es geht genau auf. Unsere Abrechnungstabelle stimmt also.

Es ist ein hübscher, die Geselligkeit fördernder Brauch, dass Skatbrüder, die zu regelmäßigen Spielabenden zusammenkommen, ihre Gewinne nicht einstreichen, sondern sie in eine gemeinsame Kasse zahlen. Hat sich ein schönes Sümmchen angesammelt, so wird dieses im Rahmen einer gemeinsamen Unternehmung derart verbraucht, dass jeder den gleichen Anteil aus der Kasse erhält. Beim Dreierskat also jeweils ein Drittel der Summe, beim Viererskat ein Viertel.

Und damit dürfen wir unsere Skatrunde verlassen. Wer bis hierher aufmerksam gefolgt ist, wird bald selbst Teilnehmer einer solchen netten Runde sein.

Kleines Skat-Lexikon

abwerfen: eine unerwünschte Karte möglichst billig loswerden.

Ältester oder Alter: der Kreuz-Bube, der – außer bei Nullspielen – der höchste Trumpf ist.

anbieten: eine Karte, die Augen zählt, hinlegen, um den Spieler zum Stechen zu zwingen und ihn dadurch in Trümpfen zu schwächen.

ansagen: beim Hand-Spiel erklären, dass man die Gegner Schneider oder gar schwarz spielen werde. („Angesagt" zählt bei der Abrechnung mit!)

anschreiben: die verlorenen oder gewonnenen Spiele, ihrem Wert entsprechend, notieren.

anspielen: Vorhand zieht die erste Karte des jeweiligen Spiels, er „spielt also an".

Atout: Fremdwort für „Trumpf".

aufnehmen: die beiden Karten, die im Skat liegen, ansehen und eventuell austauschen.

Augen: Punktwert der einzelnen Karte.

Augen schonen: nicht den Mut haben, hohe Karten auszuspielen oder zuzuwerfen, was sich mitunter bitter rächt.

ausreizen: das Spiel so weit reizen, wie es irgend geht.

baden gehen: ein Spiel verlieren.

bedienen: eine Karte in der geforderten Farbe zugeben.

Bierlachs: nur die Minuspunkte werden angeschrieben. Wer als erster Minus 501 erreicht, muss eine Lage ausgeben.

bieten: s. reizen.

billig: ein Spiel, das nicht viel zählt, ist „billig". Z.B. Karo einfach = achtzehn.

blank: eine Karte in der Farbe, von der man sonst nichts hat, sitzt „blank".

blank spielen: eine Karte mit hohem Wert, die besetzt war, wird im Verlauf des Spiels blank.

Blatt: die zehn Karten, die jeder nach dem Austeilen in der Hand hält.

Blinde: Die gedrückten beiden Karten, die der fünfte Spieler nicht mehr ansehen darf, beim Ramsch.

bluffen: die Gegner oder den Spieler durch geschicktes Ausspielen täuschen.

Bock: eine Runde, in der Gewinn und Verlust doppelt hoch angerechnet werden. Auch Ansage: Contra, Re, „Bock“ ...

Buben: in der Reihenfolge Kreuz, Pik, Herz, Karo die höchsten Trümpfe.

buttern: dem Mitspieler Karten von hohem Wert zuwerfen.

Chauffeur: s. Kutscher.

Cœur: oft gebrauchtes Fremdwort für „Herz“.

Contra: ein Gegenspieler, der glaubt, das Spiel des Alleinspielers zum Verlust bringen zu können, bietet Contra, – gelingt dies den Gegenspielern, hat der Alleinspieler das verlorene Spiel doppelt zu bezahlen.

Dörfer: auf die Dörfer gehen sagt man, wenn der Alleinspieler seine hohen Nebenkarten zieht, statt Trumpf. Er tut das tunlichst nur dann, wenn er in Trumpf sehr schwach ist.

drücken: zwei lästige Karten gegen die im Skat gefundenen austauschen.

drunterbleiben: einen Stich nicht übernehmen, sondern eine niedrige Karte zuwerfen.

Durchmarsch: beim Ramsch so spielen, dass man – statt so wenig Augen wie möglich – sämtliche hundertzwanzig Augen einheimst.

einstechen: Stich mit Trumpf übernehmen, wenn man nicht mehr bedienen kann.

einunddreißig: eine wichtige Punktzahl, die bedeutet, dass Spieler wie Gegenspieler aus dem Schneider sind. Entgegen der Skatordnung wird vereinzelt noch so gespielt, dass die Gegenspieler bereits aus dem Schneider sind, wenn sie nur 30 erreichen.

erhöhen: statt des anfänglich geplanten Spiels eines machen, das mehr Punkte einbringt. Erhöhen darf man aber nur, solange man das Spiel noch nicht angesagt hat. Nachträgliche Änderungen sind verboten.

fangen: durch geschicktes Schneiden dem Gegner die Zehn abholen.

Farbe: Kreuz, Pik, Herz, Karo sind die vier „Farben" des Skats.

Fehlfarbe: s. Renonce.

festsitzen: den Mitspieler nicht ans Spiel bringen können oder gezwungen sein, eine unerwünschte lange Farbe spielen zu müssen.

Finde: im Skatjargon gebräuchlicher Ausdruck für die beiden Karten im Skat.

Flöte: eine lange, möglichst geschlossene Reihe von Trümpfen.

forcieren: den Mitspieler oder Gegner zum Ausspiel einer Karte zwingen, die er eigentlich nicht auf den Tisch bringen wollte.

geben: die Karten austeilen.

gewinnen: der Spieler gewinnt, wenn er mindestens einundsechzig Augen in seinen Stichen hat. Die Gegenspieler gewinnen mit sechzig Augen. Beim Null und Null-ouvert gewinnt der Spieler, wenn er keinen Stich macht. Andernfalls haben die Gegenspieler gewonnen. Beim Ramsch gewinnt derjenige, der die geringste Augenzahl in seinen Stichen hat, oder aber der, dem ein „Durchmarsch" gelingt, d. h., dass er sämtliche Stiche einheimst.

Grand: das „Großspiel", bei dem die Buben in der Reihenfolge Kreuz, Pik, Herz, Karo die höchsten Trümpfe sind. Ihnen folgen die Asse, Zehnen, Könige und Damen, gleichviel in welcher Farbe.

Grand ouvert: Das höchste und teuerste Spiel im Skat, das immer ein Handspiel ist, bei dem der Alleinspieler seine zehn Handkarten vor Beginn des Spiels auflegt. Zählwert = 36 (statt 24 bei normalem Grand).

Großmutter: s. Kutscher.

Gucki: ein oft gebrauchter Ausdruck für Spiele, die nicht „Hand“ gespielt werden, bei denen also der Skat aufgenommen wird.

Hand: ein Spiel, bei dem der Skat nicht aufgenommen wird.

hinlegen: der Spieler darf sein Blatt dann offen auflegen, wenn er sicher ist, dass sämtliche Stiche an ihn gehen. Achtung! – unterläuft ihm hierbei ein Irrtum, gilt das Spiel als verloren!

Unterbleiben: einen Stich nicht übernehmen. Auch: eine gute Karte solange aufheben, bis sie einen sicheren Stich macht.

Hinterhand: derjenige, der als Dritter seine Karte zulegt.

Hirsch: beim Contra-Spiel wird mitunter über Contra, Re und Bock bis „Hirsch“ getrieben.

hochspielen: so spielen, dass eine Karte solange aufgehoben wird, bis sie einen sicheren Stich macht. Oder auch: durch geschicktes Spiel dem Gegner eine Karte blankspielen, bzw. durch ungeschicktes Spiel dem Partner eine Karte blankspielen, die dann gestochen wird.

hochtreiben: beim Reizen solange mithalten, bis einer der Spieler eine hohe Ansage macht. Dann passen.

Junge: oft gebrauchtes Wort für Bube.

Jungfrau: beim Ramsch ohne einen Stich davonkommen. Gelingt es einem Spieler, „Jungfrau“ oder „Jungfer“ zu werden, bekommt der Verlierer die doppelte Punktzahl angeschrieben.

Kiebitz: der – meist unbeliebte – Nicht-Spieler, der den anderen in die Karten sieht und durch Miene oder Bemerkung deren Spiel verrät, wenn er nicht gar „weise Ratschläge“ erteilt.

Kontra: s. Contra,

kurz: eine Farbe ist „kurz“, wenn man nur eine oder doch wenige Karten von ihr im Blatt hat.

Kutscher: auch „Chauffeur“ oder „Großmutter“ genannt; ein Spiel, bei dem man keinen „Skatverstand“ gebraucht, also eines, das nicht umzulegen ist.

lang: eine Farbe ist „lang“, wenn man von ihr viele Karten im Blatt hat.

Langer Weg: die Entfernung des ausspielenden Gegenspielers zum Alleinspieler. Beispiel: Krause spielt aus, Lehmann ist der Alleinspieler. Der Weg von Krause, der ja über Meier geht, ist also lang. (Umgekehrt ist Meiers Weg zu Lehmann kurz.)

Lusche: Karte ohne Zählwert.

Maurer: sind solche Spieler, die trotz guten Blattes nicht oder nicht hoch reizen, um dann den Alleinspieler zu Fall zu bringen oder gar Contra zu bieten. Sie sind mit Recht als unfaire Spieler verrufen. Ein ehrlicher Skatspieler mauert nie!

Miete; die ganze – kassieren: den ganzen Einsatz riskieren.

mit: „mit" einem, zwei oder drei, wenn nicht gar vier Buben entscheidet den Wert eines Spiels.

Mittelhand: wenn Lehmann ausspielt, ist Krause Mittelhand, ihm folgt Meier als Hinterhand. Eine goldene Skatregel heißt, dass man den Alleinspieler möglichst immer wieder in Mittelhand bringen soll.

mitnehmen: einen Stich an sich bringen.

mitzählen: ist ungemein wichtig, und zwar sowohl das Mitzählen der Augen in den Stichen, als auch das Mitzählen der bereits gefallenen Trümpfe.

nachbringen: die vom Partner gezogene Farbe wieder auf den Tisch bringen, nachdem man einen Stich übernommen hat und demgemäß in Vorhand sitzt.

Null, Null-ouvert: Spiele, bei denen der Alleinspieler keinen Stich machen darf, um zu gewinnen.

offen: der Zwang, vor dem ersten Stich die Karten offen auf den Tisch zu legen. Dies bezieht sich nur auf den Alleinspieler und wird beim Null-ouvert verlangt. Gemäß der Skatordnung ist es auch beim Grand-ouvert erforderlich. Grand-ouvert, ein Spiel, das angesagt werden muss und dann entsprechend mitzählt beim Anschreiben. Der Grand-ouvert muss so gut sein, dass die Gegenspieler nach Einsichtnahme in die vom Alleinspieler aufgelegten Karten keinen Stich an sich bringen können.

ohne: bezieht sich auf das Fehlen des oder der höchsten Buben. Wer nur den Herz-Buben oder den Herz- und Karo-Buben hat, besitzt ein Spiel ohne zwei.

passen: die Ansage, die bedeutet, dass einer der Spieler nicht weiter zu reizen gedenkt.

Patrouille: mit einer Patrouille spielen, legt dem Alleinspieler den Zwang auf, den allerletzten Stich mit seiner Trumpf-Sieben zu machen. Spielt er mit zwei Patrouillen, müssen Trumpf-Acht und Trumpf-Sieben die beiden letzten Stiche machen. Patrouille zählt mit! D.h. beim Kreuzspiel werden dem Spieler zwölf Punkte zugeschlagen, bei zwei Patrouillen vierundzwanzig. Sagt er – was nur beim Hand-Spiel möglich ist – Patrouille an, so zählt auch „angesagt" weitere zwölf Punkte. Beim Pikspiel elf, beim Herzspiel zehn, beim Karospiel neun Punkte.

quetschen: wird im Skatjargon oft für „drücken“ angewandt.

Ramsch: das Spiel ohne Ansage, also auch ohne Trumpf, bei dem derjenige verliert, der die meisten Augen in seinen Stichen hat.

Raupenfraß: ein schlechtes Kartenblatt.

Re: sagt der Alleinspieler dann auf Contra, wenn er glaubt, sein Spiel zu gewinnen.

reinigen: das Blatt dadurch verbessern, dass man die Luschen möglichst billig loszuwerden trachtet.

reizen: der Vorgang, der jedem Spiel vorausgeht und entscheidet, wer das höchste Angebot macht, also Alleinspieler wird.

Renonce: in einer Farbe renonce sein, bedeutet, dass der Alleinspieler oder einer der beiden Gegenspieler in dieser Farbe nicht eine Karte hat.

Revolution: das Null-ouvert-Spiel, das so gut ist, dass es nicht nur aus der Hand gespielt werden kann, sondern dass der Spieler sofort sein Blatt aufdeckt und den Gegenspielern gestattet, ihre eigenen Karten beliebig auszutauschen. Eine „Revolution“ ist also unschlagbar und zählt zweiundneunzig Punkte. Die Skatordnung erkennt sie nicht an.

Rollmops: siehe Wollkopf

Runde: besteht normalerweise aus drei Spielen. Hat also Meier das erste Spiel der Runde gegeben, so endet die Runde, nachdem Krause das dritte Spiel gegeben hat und dieses vollendet ist. (Bei 4 Spielern besteht eine Runde aus vier Spielen).

Schieberamsch: wie Ramsch, aber Vorhand nimmt den Skat auf, darf zwei Karten dafür ablegen und schiebt diese verdeckt Mittelhand zu. Mittelhand darf wiederum austauschen und schiebt nun seinerseits die verdeckten beiden Karten Hinterhand zu. Hinterhand tauscht wiederum aus, falls ihm dies günstig erscheint, und die beiden von ihm weggelegten Karten bleiben nun verdeckt liegen und werden, ihrem Augenwert betreffend, am Ende dem Verlierer zugeschlagen, oder dem, der den letzten Stich macht, je nach Vereinbarung.

schmieren: dasselbe wie „buttern“, also hochwertige Karten zuwerfen, um einen Stich „fettzumachen“.

schneiden: solange unter der Zehn bleiben, bis diese fallen muss.

Schneider: Der Alleinspieler, wie die Gegenspieler sind Schneider, wenn sie weniger als 31 Augen erreicht haben.

Schreiber: ist derjenige, der die Buchführung übernommen hat.

schwarz: bedeutet, dass die Gegenspieler nicht einen einzigen Stich machen.

Sieben: eine gefährliche Zahl, denn oft genug geht ein Spiel mit sieben Trümpfen verloren, und zwar dann, wenn der Spieler zu den sieben allein zum Gewinn nicht ausreichenden Trümpfen drei Luschen im Blatt hat.

sitzen bleiben: auf der Reizung sitzen bleiben, d.h. ein unerwünschtes Spiel übernehmen müssen, weil die beiden anderen Spieler sofort passen.

Skat: ist nicht nur der Name des Spiels, sondern auch die Bezeichnung für die beiden Karten, die nach dem Austeilen verdeckt auf dem Tisch liegen.

Spitze: ein oft für Patrouille gebrauchter Name. Siehe Patrouille.

stechen: die angebotene Fehlfarbe mit Trumpf übernehmen, da man nicht mehr bedienen kann.

stehen: eine nicht sehr hohe Karte kann nicht überboten werden, weil die höheren bereits aus dem Spiel sind. Sind also Ass und Zehn von einer Farbe bereits gefallen, so „steht“ der König.

Stich: die jeweils drei Karten, die an den Alleinspieler gehen oder an dessen Gegner. Jedes Spiel besteht aus zehn Stichen.

Sup (supra oder Bock): die dritte und letzte Steigerung beim Spiel mit Contra.

taufen: ein oft gebrauchter Ausdruck für das Ansagen des Spiels. Sagt einer also „Grand" an, so hat er sein Spiel getauft.

Treff: ist eine andere Bezeichnung für Kreuz.

Trumpf: sind – beim Farbenspiel – die elf Karten, die durch Ansage deklariert wurden.

übernehmen: den Stich an sich bringen.

überstechen: ein Spieler sticht, weil er nicht mehr bedienen kann. Der Nächste geht mit einem höheren Trumpf darüber, sodass er dadurch den Stich an sich bringt.

umlegen: besiegen, schlagen.

umwerfen: oder umbringen, ummachen. Die Gegenspieler gewinnen gegen den Alleinspieler.

vergeben: der Austeiler hat sich geirrt, sodass einer etwa elf Karten erhielt, ein anderer dementsprechend nur neun in der Hand hat. Ein vergebenes Spiel ist ungültig und muss nochmals ausgeteilt werden.

verlieren: der Alleinspieler braucht einundsechzig Augen in seinen Stichen. Hat er weniger, ist sein Spiel verloren. Die Gegenspieler haben verloren, wenn sie nur neunundfünfzig Augen oder weniger in ihren Stichen haben.

verwerfen: einer der Spieler bedient nicht, obwohl er noch Karten von der geforderten Farbe in der Hand hat. Das Spiel gilt dann für ihn als verloren.

vorsetzen: eine angespielte Karte mit Trumpf übernehmen, weil man nicht mehr bedienen kann und nicht abwerfen will.

weglegen: bedeutet dasselbe wie drücken. S. drücken.

wegnehmen: einen, der gern spielen möchte, überreizen, ihm also sein Spiel abnehmen.

wegwerfen: eine Lusche oder sonst lästige Karte billig loswerden.

wimmeln: häufig für „buttern" oder „schmieren" gebraucht.

Wollkopf: eine Kartenkonstellation, bei der man je vier Trümpfe in jeder Farbe hat. Also: zwei Buben und dazu zwei Karten in jeder Farbe. So ein Wollkopf verleitet zum Contra-Sagen. Man überlege sich das aber reiflich, denn man muss ja in jeder Farbe zweimal bedienen, was das Spiel für den Alleinspieler günstig entscheiden kann. In manchen Gegenden auch „Rollmops".

Zange: den Alleinspieler in Mittelhand bringen, ihn also gleichsam in die Zange nehmen.

zinken: eine betrügerische Manipulation, bei der ein unreeller Spieler die Karten auf deren Rückseite durch geheime Zeichen so kenntlich gemacht hat, dass er sie erkennt.

zugeben: bedienen oder abwerfen.

Zwangsspiel: ein Spiel, das man gar nicht machen wollte, das sich aber durch den Skat ergibt. Etwa dann, wenn man zu einem Spiel ohne drei den ältesten Buben findet. Es zählt nun mit einem, ist also billiger geworden. War es ausgereizt, muss der Spieler sich für einen Grand entscheiden oder für einen Null-ouvert. Oder er muss versuchen, die Gegner Schneider zu machen.

Zwickmühle: der Alleinspieler befindet sich in einer Klemme. Man spielte ihm ungünstig an, er überlegt nun, ob er stechen soll oder abwerfen. Ob er schneiden oder den Stich mitnehmen soll.

Die Internationale Skatordnung (ISkO)

1 Allgemeines

1.1 Begriff des Skatspiels

1.1.1 Das Skatspiel ist ein Kartenspiel für drei oder mehr Personen. Das Einzelspiel wird von einem Alleinspieler und zwei Gegenspielern bestritten.

1.1.2 Das Skatspiel kam im zweiten Jahrzehnt des 19. Jahrhunderts in Altenburg auf. Es ist aus grundlegenden Elementen verschiedener älterer Kartenspiele hervorgegangen.

1.1.3 Zwei verdeckt, gesondert gelegte Karten – Skat genannt – gaben dem Spiel seinen Namen. Er ist dem Italienischen (scartare) bzw. Französischen (écarter) entlehnt und bedeutet soviel wie „Das Weggelegte“.

1.2 Die Skatkarte

1.2.1 Die Skatkarte besteht aus 32 Einzelkarten in vier Farben zu je acht Karten. Die Farben in ihrer Rangfolge sind Kreuz (Eicheln), Pik (Grün), Herz (Rot) und Karo (Schellen).

1.2.2 Jede Farbe hat folgende Karten mit nachstehendem Zählwert:

1. Ass (Daus)	11 Augen
2. Zehn	10 Augen
3. König	4 Augen
4. Dame (Ober)	3 Augen
5. Bube (Unter)	2 Augen
6.–8. Neun, Acht, Sieben	0 Augen
Die Skatkarte zählt demnach	**120 Augen**

2 Spielgrundlagen

2.1 Spielmöglichkeiten

2.1.1 Es gibt Spiele mit Skataufnahme und Spiele ohne Skataufnahme (Handspiele). In beiden Spielklassen unterscheidet man zwischen den drei Gattungen Farbspiele, Grandspiele und Nullspiele.

2.1.2 Die möglichen Spiele sind wie folgt eingeteilt:

Spielklasse	**Spielklasse I**		**Spielklasse II**	
Spielgattung	**Spiele mit Skataufnahme**		**Spiele ohne Skataufnahme (Handspiele)**	
Farbspiele	Karo Herz Pik Kreuz		Karo Hand Herz Hand Pik Hand Kreuz Hand	Karo ouvert Herz ouvert Pik ouvert Kreuz ouvert
Grandspiele	Grand		Grand Hand	Grand ouvert
Nullspiele	Null	Null ouvert	Null Hand	Null ouvert Hand
(ouvert = offen)	6	1	6	6

2.2 Bedingungen der Spielklassen

2.2.1 Der Skat steht in allen Fällen dem Alleinspieler zu.

2.2.2 Bei den Spielen mit Skataufnahme nimmt der Alleinspieler den Skat auf und legt anschließend zwei beliebige Karten wieder in den Skat, d. h. drückt sie. Danach sagt er das Spiel an.

2.2.3 Bei den Handspielen bleibt der Skat unbesehen liegen. Es stehen für die Spielansage nur die zehn Handkarten zur Verfügung.

2.2.4 Der Alleinspieler bestimmt zu einer der beiden Spielklassen eine Farbe als Trumpf oder wählt zwischen Grandspiel und Nullspiel.

2.2.5 Bei offenen Spielen hat der Alleinspieler noch vor dem ersten Ausspielen (Anspielen) seine zehn Handkarten aufzulegen. Geschieht das nicht, hat ihn die Gegenpartei dazu aufzufordern. Die Karten müssen deutlich sichtbar, nach Farben gruppiert und in Folge geordnet sein. Ist das nicht der Fall, darf die Gegenpartei die Kartenanordnung korrigieren.

2.3 Bedeutung der Karten

2.3.1 Bei den Farbspielen ist immer eine Farbe Trumpf. Die anderen Farben sind dann untereinander im Rang gleich.

2.3.2 Die höchsten Trümpfe eines Farbspiels sind die Buben in der Rangfolge der Farben (siehe 1.2.1). Ihnen folgen die sieben Karten der Trumpffarbe nach dem Zählwert ihrer Augen (siehe 1.2.2).

2.3.3 Bei den Grandspielen sind nur die Buben in der Rangfolge ihrer Farben Trumpf.

2.3.4 Bei den Nullspielen gelten auch die Buben als Farbe. Die veränderte Reihenfolge lautet hier: Ass, König, Dame, Bube und erst dann die Zehn vor Neun, Acht, Sieben.

2.4 Spitzen

2.4.1 Trümpfe in ununterbrochener Reihenfolge vom Kreuz Buben an heißen Spitzen.

2.4.2 Hat der Alleinspieler einschließlich der beiden Karten im Skat den Kreuz-Buben selbst, zählen seine vorhandenen Spitzen; er spielt mit Spitzen. Besitzt er ihn nicht, kommen seine fehlenden Spitzen in Betracht; er spielt ohne Spitzen.

2.4.3 Farbspiele sind höchstens mit oder ohne elf Spitzen (vier Buben und siebenmal Trumpffarbe) möglich, Grandspiele höchstens mit oder ohne vier Spitzen (vier Buben).

3 Spieleinleitung

3.1 Bestimmung der Plätze

3.1.1 Die Reihenfolge der Mitspieler wird ausgelost oder gesetzt. Der erste wählt seinen Platz, die anderen schließen sich in Uhrzeigerrichtung an.

3.1.2 Ein neuer Mitspieler darf nur hinzukommen, wenn damit alle einverstanden sind und eine neue Runde beginnt. Falls er nicht einen ausscheidenden Mitspieler ersetzt, muss er sich rechts vom ersten einreihen.

3.2 Geben der Karten

3.2.1 Mit dem Geben der Karten beginnt der Mitspieler auf Platz 1; er gibt an. Sein rechter Nachbar muss stets das letzte Spiel der Runde geben; er gibt ab.

3.2.2 Der Kartengeber hat die Karten gründlich zu mischen, sie vom rechten Nachbarn einmal abheben zu lassen, den dabei liegen gebliebenen Teil auf den abgehobenen zu legen und danach die Karten von oben zu verteilen.

3.2.3 Werden vom Kartengeber die Karten beim Mischen gestochen oder geblättert, so ist vor dem Abheben noch einmal durchzumischen.

3.2.4 Abheben ist Pflicht! Es hat so zu erfolgen, dass mindestens vier Karten liegen bleiben oder abgehoben werden.

3.2.5 Ist bei mehr als drei Mitspielern der Abheber vorübergehend abwesend, darf der rechts neben ihm sitzende Mitspieler abheben – vorausgesetzt, der eigentliche Abheber hat sich das nicht ausdrücklich vorbehalten. Bei längerer Abwesenheit eines Mitspielers entscheidet ein Schiedsrichter über die Fortsetzung von Spielen.

3.2.6 Es müssen, beim linken Nachbarn beginnend, jedem Mitspieler zunächst drei Karten, dann vier und zuletzt wieder drei Karten gegeben werden. Nach der ersten Gebefolge sind zwei Karten geson dert als Skat zu legen.

3.2.7 Bei vier Mitspielern erhält der Kartengeber selbst keine Karten; er sitzt. Bei mehr als vier Mitspielern spielen seine beiden linken Nachbarn und der rechte.

3.2.8 Wird beim Geben durch den Kartengeber allein- oder mitverschuldet eine oder mehrere Karte(n) aufgeworfen, muss neu gegeben werden.

3.2.9 Wurden die Karten vergeben, indem sie zahlenmäßig ungleich verteilt sind, ist nur dann noch einmal zu geben, wenn die Beanstandung vor Beendigung des Reizens erfolgte oder wenn beide Parteien eine fehlerhafte Kartenzahl haben (siehe 4.5.6).

3.2.10 Einsprüche gegen jegliche Unkorrektheiten beim Mischen, Abheben sowie der Art und Weise der Kartenverteilung müssen vor der Kartenaufnahme geltend gemacht werden.

3.2.11 Hatte ein Mitspieler gegeben, der nicht an der Reihe war, ist selbst ein beendetes Spiel – auch das letzte einer Runde – ungültig. Eine Runde gilt dann als abgeschlossen, wenn deren letztes Spiel ordnungsgemäß eingetragen oder dessen fehlerhafte bzw. fehlende Eintragung erst nach Beginn des ersten Spiels der nächsten Runde (siehe 4.1.1) beanstandet wurde. Bei einer fehlerhaften Eintragung des letzten Spiels einer Serie ist die letzte Runde abgeschlossen, wenn die Spielliste unterzeichnet wurde.

3.2.12 Bei einer falschen Geberfolge innerhalb der laufenden Runde sind alle Spiele vom Fehler an zu wiederholen.

3.2.13 Ist eine falsche Geberfolge bereits in vorangegangenen Runden eingetreten oder ihr Ursprung nicht mehr festzustellen, bleiben alle abgeschlossenen Runden gültig. Die laufende Runde ist neu zu spielen, angefangen mit dem Geben durch den Mitspieler auf Platz 1.

3.2.14 Ein Spieler, der während oder nach ordnungsgemäßem Geben den Skat ansieht oder aufwirft, darf nicht am Reizen teilnehmen.

3.2.15 Wer während oder nach dem Geben den Skat mit aufgenommen hat, ist ebenfalls vom Reizen auszuschließen. In diesem Fall muss der Schuldige seine 12 Handkarten mischen und der Kartengeber daraus zwei Karten als Skat verdeckt ziehen.

3.2.16 Nach ordnungsgemäßem Geben muss ein gültiges Spiel zustande kommen. Auch ein eingepasstes Spiel ist ein gültiges Spiel (siehe 3.3.7).

3.3 Reizen

3.3.1 Nach dem Geben ist durch das Reizen – Bieten und Halten von Spielwerten (siehe 5.1 bis 5.3 mit Berechnungsschema) der Alleinspieler zu ermitteln. Entsprechend dem niedrigsten Spielwert für Karo mit oder ohne 1 Spitze, einfach gewonnen, beträgt das Mindestreizgebot 18.

3.3.2 Der Spieler, der zuerst Karten erhalten hat (Vorhand), fordert seinen linken Nachbarn (Mittelhand) zum Reizen auf. Mittelhand und auch Hinterhand sind dabei an die gültigen Reizwerte, aber nicht an deren zahlenmäßige Reihenfolge gebunden.

3.3.3 Hat Vorhand kein Spiel mit dem gebotenen oder einem höheren Reizwert, muss sie passen. Daraufhin reizt der dritte Spieler (Hinterhand) Mittelhand in gleicher Weise weiter oder passt.

3.3.4 Wenn Mittelhand kein Spiel machen will oder ihr höchstes Reizgebot von Vorhand gehalten wird, muss sie passen. Dann reizt Hinterhand (weiter) oder passt.

3.3.5 Alleinspieler wird stets derjenige, der den höchsten Reizwert geboten oder gehalten hat.

3.3.6 Bieten Mittelhand und danach auch Hinterhand nichts, darf Vorhand den Skat ohne Erklärung aufnehmen (oder ein Handspiel ansagen). Sie verpflichtet sich damit zur Durchführung eines Spieles. Hat Vorhand hingegen keine 18, muss sie vor dem Passen immer erst ein Reizgebot von Mittelhand oder, wenn diese sofort passt, von Hinterhand abwarten.

3.3.7 Zeigt niemand Spielinteresse, wird eingepasst. Daraufhin gibt der Nächste zum neuen Spiel. Niemals darf ein Mitspieler nach korrekter Kartenverteilung zweimal hintereinander geben.

3.3.8 Die Erklärung des Passens sowie das Bieten und Halten eines Reizwertes sind unwiderruflich (siehe aber 3.3.9).

3.3.9 Hat ein Spieler vor Beendigung des Reizens den Skat angesehen oder aufgenommen oder die Karten eines Mitspielers unberechtigt eingesehen, ist er vom weiteren Reizen auszuschließen. Außerdem sind die anderen Spieler nicht mehr an ihr Reizgebot gebunden. Sie können einpassen oder neu reizen. Das gilt auch, wenn der Kartengeber oder ein anderer Mitspieler den Skat vor Beendigung des Reizens angesehen hat. Spieler, die vor Abgabe eines Reizgebotes gepasst haben, dürfen nicht am neuen Reizvorgang teilnehmen (siehe auch 3.3.10).

3.3.10 Will jemand ein Spiel machen, obwohl der Skat von einem Spieler vor Beendigung des Reizens aufgenommen wurde, hat der Kartengeber aus den 12 Karten, die vom Schuldigen zu mischen sind, zwei Karten als Skat verdeckt zu ziehen. Der ursprünglich gelegene Skat ist nur dann auszuhändigen, wenn er von allen Spielern eindeutig ausgemacht werden kann. Wird dieser Regelverstoß vor Beendigung des Reizens begangen, aber erst nach Beendigung des Reizens festgestellt, muss der Alleinspieler vor Skataufnahme entscheiden, ob er spielen oder einpassen will.

3.4 Spielansage

3.4.1 Der Alleinspieler ist in jedem Fall zu einer gültigen Spielansage verpflichtet (siehe 3.4.4 und 3.4.7). Sie muss vollständig sein, d.h. auch ein Hand- oder Ouvertspiel muss angesagt werden, wenn es als Berechnungsstufe gewertet werden soll. Eine Spielansage ist unwiderruflich.

3.4.2 Es steht dem Alleinspieler frei, ob er ein Spiel entsprechend dem Reizgebot oder von höherem Wert ansagt.

3.4.3 Kann der Alleinspieler nach Skataufnahme in seinem beabsichtigten Spiel mit der für ihn höchstmöglichen Gewinnstufe den Reizwert nicht mehr erreichen (weil er einen Spitzentrumpf gefunden hat), darf er ein Spiel ansagen, das dem gebotenen Reizwert entspricht und aufgeben (siehe 5.4.1). Beispiele: Pik ohne vier Spitzen bis 50 gereizt; Kreuz-Bube im Skat; mögliche Spielansage: Herz. Farbspiel ohne Spitzen bis 59 gereizt; Pik-Bube im Skat; mögliche Spielansage: Kreuz oder Herz.

3.4.4 Eine Spielansage ist ungültig, wenn sie in einem für alle Mitspieler erkennbaren Widerspruch zu grundlegenden Spielbedingungen steht. Darunter fallen die Ansage eines Handspiels, von offenen Farbspielen, Grand-ouvert und Gewinnstufen jeweils nach Skataufnahme. Umdrücken des Skats und Umbenennen eines Spiels sind nicht statthaft. Die Ansage eines nicht mehr durchführbaren Nullspiels endet mit dem Verlust eines Farb- oder Grandspiels unter Berücksichtigung der letzten Reizhöhe und der Anzahl der vorhandenen oder fehlenden Spitzen.

3.4.5 Eine ungültige Spielansage – nicht strafbar – ist sofort zu korrigieren. Dabei muss das angesagte Spiel innerhalb derselben Spielgattung/Farbe erhalten bleiben.

3.4.6 Eine Spielansage mit mehr oder weniger als zehn Handkarten bedeutet, sofern ordnungsgemäß gegeben wurde, Spielverlust in der Stufe einfach (nicht Schneider oder Schwarz). Eine vor der Spielansage ausgespielte Karte gilt noch als Handkarte ebenso wie die bei „Ouvertspielen" aufgelegten Karten.

3.4.7 Eine gültige Spielansage ist unabänderlich.

3.4.8 Nach einer gültigen Spielansage darf der Skat nicht verändert und der abgelegte Skat nicht mehr angesehen werden. Zuwiderhandlungen führen zum Spielverlust in der Spielstufe einfach (nicht Schneider oder Schwarz).

3.5 Parteistellung

3.5.1 Die drei Spieler bilden zwei Parteien: Alleinspieler und Gegenspieler, die mit den anderen Mitspielern seine Gegenpartei sind.

3.5.2 Jeder einzelne der Gegenpartei ist gleichermaßen am Erfolg wie Misserfolg der Gegenspieler beteiligt. Es haften demnach auch alle gemeinsam für die Folge von Regelverstößen im Gegenspiel oder Spielaufgabe.

3.5.3 Der Alleinspieler erhält für ein gewonnenes Spiel von jedem der Gegenpartei den vollen Betrag. Umgekehrt muss er ihn bei Spielverlust an jeden von ihr bezahlen (siehe 5.3.4).

3.5.4 Ein Mitspieler, der nicht am laufenden Spiel beteiligt ist, darf nur bei einem Spieler in die Karten sehen. Ein Recht auf Karteneinsicht besteht nicht.

4 Spieldurchführung

4.1 Ausspielen

4.1.1 Das Spiel beginnt mit der Spielansage. Nach der Spielansage spielt Vorhand aus; sie zieht an. Danach spielt immer derjenige aus, der den vorangegangenen Stich gemacht hat. Spielt der Alleinspieler unberechtigt vor der Spielansage aus, hat er ein Spiel unter Berücksichtigung der letzten Reizhöhe und der Anzahl der vorhandenen oder fehlenden Spitzen verloren.

4.1.2 Eine (aus)gespielte Karte darf nicht zurückgenommen werden. Lediglich bei gefordertem Weiterspiel nach Regelverstoß ist eine regelgerechte Korrektur erlaubt. Eine Karte gilt dann als (aus)gespielt, wenn sie komplett auf dem Tisch liegt.

4.1.3 Unberechtigtes Ausspielen beendet das Spiel. Ist es bereits entschieden, gewinnt die betreffende Partei mit den von ihr bis dahin eingebrachten Augen (4.1.4).

4.1.4 Hat jemand vor der Spielentscheidung unberechtigt ausgespielt oder einen anderen Regelverstoß begangen, ist das Spiel für die schuldige Partei in der Stufe einfach (nicht Schneider oder Schwarz) verloren.

4.1.5 Ist der Alleinspieler gezwungen, eine höhere Gewinnstufe zu erreichen, muss ihm bei unberechtigtem Ausspielen oder einem anderen Regelverstoß der Gegenpartei die fällige Gewinnstufe ausnahmsweise zuerkannt werden, sofern diese noch nicht von den Gegenspielern erreicht wurde (siehe aber 5.4.3).

4.1.6 Die schuldige Partei ist zum Weiterspiel verpflichtet, wenn es die andere Partei verlangt. Dann zählt der Regelverstoß als nicht begangen.

4.1.7 Wird unberechtigtes Ausspielen erst bemerkt, nachdem der Stich vollendet ist, muss auf rechtmäßiges Ausspielen erkannt werden (siehe 4.4.1).

4.1.8 Es ist der Gegenpartei nicht gestattet, einen Gegenspieler am unberechtigten Ausspiel oder am Begehen eines anderen Regelverstoßes zu hindern. Bei Verstößen ergeben sich Kosequenzen aus den Bestimmungen 4.1.3 bis 4.1.6 (siehe auch 4.2.9).

4.1.9 Zwei oder mehr gleichzeitig sichtbar ausgespielte oder aufgedeckt heraus gefallene Karten der Gegenspieler oder eine solche Karte eines Gegenspielers ohne Ausspielberechtigung beenden sofort das Spiel entsprechend den Bestimmungen 4.1.3 bis 4.1.6. Der Alleinspieler ist berechtigt, versehentlich herausgefallene Karten ohne spielrechtliche Folgen wieder aufzunehmen. Er darf auch vorgezogene und sichtbar gewordene Karten zurücknehmen (Vorteil für die Gegenspieler).

4.1.10 Unberechtigtes Ausspielen zum letzten Stich ist unerheblich.

4.1.11 Jedem Teilnehmer ist es gestattet, Regelverstöße sofort zu beanstanden.

4.2 Bedienen

4.2.1 Nach dem Ausspielen hat zunächst der linke Spieler eine Karte zuzugeben. Dabei muss er, wie dann auch der Dritte, stets irgendeine Karte in der ausgespielten Farbe oder im geforderten Trumpf bedienen, soweit das möglich ist.

4.2.2 Wer die ausgespielte Farbe nicht hat, muss entweder Trumpf zugeben, d. h. stechen, oder eine Karte einer anderen Farbe spielen. Wenn Trumpf gefordert wird, aber nicht bedient werden kann, muss eine beliebige Karte einer anderen Farbe zugegeben werden.

4.2.3 Hat jemand eine ausgespielte Farbe oder geforderten Trumpf nicht bedient, obwohl es möglich war, gilt das als falsches Bedienen. In diesem Fall ist das Spiel sofort beendet und nach den Bestimmungen 4.1.3 bis 4.1.6 zu entscheiden. Wird Weiterspielen verlangt, ist der Fehler zu berichtigen.

4.2.4 Wird falsches Bedienen erst im weiteren Spielverlauf oder nach Beendigung des Spiels festgestellt, so muss es rückwirkend vom Regelverstoß an als beendet angesehen werden. Die Entscheidung regelt sich gemäß der zutreffenden Bestimmung 4.1.3 bis 4.1.5.

4.2.5 Das Recht, falsches Bedienen im nachhinein zu reklamieren, erlischt mit dem Zusammenwerfen der Karten beider Parteien.

4.2.6 Besitzt ein Spieler trotz ordnungsgemäßer Kartenverteilung im Laufe des Spiels zu wenig oder zu viel Karten, weil er fehlerhaft gedrückt, doppelt bzw. nicht zugegeben oder es in irgendeiner anderen Form verschuldet hat, ist das Spiel für die Partei mit der richtigen Kartenanzahl mindestens in der Stufe einfach gewonnen. Eine höhere Gewinnstufe erfordert den Nachweis, dass sie bei regelgerechtem Spiel sicher erreicht worden wäre.

4.2.7 Spielbeeinflussendes Vorwerfen und herausforderndes (demonstratives) Vorziehen einer Karte sind nicht gestattet. Die Bestimmungen 4.1.3 bis 4.1.6 gelten entsprechend.

4.2.8 Wird der Skat während des Spiels von einem Mitspieler angesehen oder aufgedeckt, ist das Spiel sofort beendet. Für den Spielausgang sind die Bestimmungen 4.1.3 bis 4.1.6 anzuwenden.

4.2.9 Alle Mitspieler haben sich jeglicher Äußerungen und Gesten zu enthalten, die geeignet sind, die Karten zu verraten oder den Spielverlauf zu beeinträchtigen. Bei Verstößen ergeben sich Konsequenzen aus den Bestimmungen 4.1.3 bis 4.1.6.

4.3 Spielabkürzung

4.3.1 Im Allgemeinen ist jedes Spiel zu Ende zu spielen. Der Alleinspieler darf sein angesagtes Spiel aufgeben, solange er noch mindestens neun Handkarten führt. Es muss mindestens dem gebotenen Reizwert und der Zahl der vorhandenen oder fehlenden Spitzen entsprechen.

4.3.2 Mit weniger als neun Handkarten kann die Aufgabe des Spiels nur mit Zustimmung mindestens eines Gegenspielers erfolgen (gemeinsame Haftung).

4.3.3 Alle Spiele sind beendet, sobald einer der Gegenpartei das Spiel aufgibt; die Bestimmungen 4.1.3 bis 4.1.6 gelten entsprechend (gemeinsame Haftung).

4.3.4 Durch das Auflegen oder Vorzeigen seiner Karten während eines Farb- oder Grandspiels ohne Abgabe einer zutreffenden Erklärung zeigt der Alleinspieler an, dass er alle weiteren Stiche macht. Trifft das nicht zu, ist das Spiel beendet. Die Bestimmungen 4.1.3 bis 4.1.6 gelten entsprechend. Bei Nullspielen zeigt er auf dieselbe Weise an, keinen Stich zu erhalten.

4.3.5 Ein Gegenspieler darf bei einem Farb- und Grandspiel nur dann offen spielen, wenn er unabhängig von Kartenstand und Spielführung alle weiteren Stiche macht. Andernfalls gehören sie dem Alleinspieler. Die Bestimmungen 4.1.3 bis 4.1.6 gelten entsprechend.

4.3.6 Offenes Hinwerfen der Karten beendet das Spiel für die betreffende Partei mit den von ihr bis dahin eingebrachten Augen (siehe aber 4.3.1).

4.4 Stiche

4.4.1 Ein Stich besteht aus je einer Karte von Vorhand, Mittelhand und Hinterhand. Er ist vollendet, sobald die dritte Karte auf dem Tisch liegt.

4.4.2 Der Stich gehört demjenigen, der unter Beachtung der Regeln

- zu einer ausgespielten und durchweg bedienten Farbe die ranghöchste Karte hat,
- eine Farbe ausspielt, die weder bedient noch gestochen wird,
- eine ausgespielte Farbe als einziger sticht,
- einen Trumpf auf eine ausgespielte Farbe mit einem höheren Trumpf übersticht,
- bei gefordertem Trumpf den höchsten spielt,
- Trumpf fordert und darauf nur Farbkarten erhält.

Dem Besitzer eines Stiches ist es erlaubt, vor dem Einziehen seines Stiches zum nächsten Stich auszuspielen.

4.4.3 Die Stiche sind so einzuziehen, dass jeder Spieler auch die zuletzt zugegebene Karte deutlich erkennen kann. Auf Verlangen eines Spielers, der noch keine Karte ausgespielt oder zugegeben hat, muss der letzte Stich noch einmal gezeigt werden.

4.4.4 Jeder Stich ist einzuziehen, folgerichtig aufeinander zu legen und bis Spielende verdeckt nachprüfbar zu belassen. Bei Zuwiderhandlungen gelten die Bestimmungen 4.1.3 bis 4.1.6 (siehe aber 4.4.5).

4.4.5 Zieht der Alleinspieler einen oder mehrere Stiche hintereinander nicht ein, so zeigt er damit an, dass er alle weiteren Stiche macht. Anderenfalls gilt das

Spiel rückwirkend vom letzten ordnungsgemäß eingezogenen Stich als beendet. Die Bestimmungen 4.1.3 bis 4.1.6 gelten entsprechend. Für die Gegenspieler gilt ausschließlich 4.4.4.

4.4.6 Das Nachsehen (verdeckt), Nachzählen oder Aufdecken der abgelegten Stiche bzw. Augen durch einen Mitspieler beendet das Spiel entsprechend den Bestimmungen 4.1.3 bis 4.1.6 (siehe aber 4.4.3).

4.5 Allgemeine Grundregeln

4.5.1 Als oberstes Spielgebot gilt, die einzelnen Punkte der Skatordnung auch zur weiteren Förderung des Einheitsskats zu beachten und einzuhalten.

4.5.2 Alle Teilnehmer haben sich in jeder Situation fair, sachlich und sportlich zu verhalten und kein fadenscheiniges Recht zu suchen.

4.5.3 Die Karten sind so zu geben, dass ihre Innenseiten keinem Spieler sichtbar werden. Die Kartenaufnahme sollte (zur Vermeidung unnötiger Reklamationen) erst nach der vollständigen und ordnungsgemäßen Verteilung aller Karten erfolgen (siehe 3.2.10).

4.5.4 Der Skat darf nur von dem dazu Berechtigten angesehen werden (siehe 2.2.1, 3.3.9, 3.4.8 und 4.2.8).

4.5.5 Jeder Spieler hat seine Karten so aufzunehmen und zu halten, dass ein anderer Spieler sie nicht einsehen kann. Es ist auch nicht gestattet, in die Karten anderer Spieler hineinzusehen oder sich deren Karten verraten zu lassen.

4.5.6 Jeder Spieler muss nach beendetem Geben die Zahl der empfangenen Karten prüfen und eine zahlenmäßig unrichtige Kartenverteilung vor Beendigung des Reizens melden (siehe 3.2.9).

4.5.7 Jede Partei hat ihre Stiche selbst einzuziehen.

4.5.8 Lautes Zählen der Trümpfe oder Augen ist keinem Mitspieler erlaubt (siehe 4.2.9).

4.5.9 Mit dem Spielen darf erst nach Beendigung einer Runde aufgehört werden. Ein Mitspieler muss eine solche Absicht stets vor Beginn der Runde bekannt geben.

4.5.10 Verstöße gegen die Internationale Skatordnung und Skatwettspielordnung sind von jedem Teilnehmer sofort zu beanstanden. Bei den sich daraus ergebenden Streitfällen entscheidet einer der eingesetzten Schiedsrichter. Einsprüche gegen seine Entscheidung sind bis zum Beginn der nächsten Serie möglich. Nach der letzten Serie der Veranstaltung ist ein Einspruch bis 15 Minuten nach Ende der Veranstaltung (Zeitlimit) einzulegen und vom Schiedsgericht vor Bekanntgabe des Ergebnisses zu behandeln.

5 Spielbewertung

5.1 Grundwerte

5.1.1 Jedes Farb- und Grandspiel hat einen unveränderbaren Grundwert. Er beträgt für Karo 9, Herz 10, Pik 11, Kreuz 12, Grand und Grand ouvert 24 (siehe 5.2.6).

5.1.2 Jedem Nullspiel liegt ein beständiger Spielwert zugrunde: Null 23, Null Hand 35, Null ouvert 46 und Null ouvert Hand 59.

5.2 Gewinnstufen und Gewinnmöglichkeit

5.2.1 Bei den Farbspielen und Grandspielen unterscheidet man nachstehende Gewinnstufen:

Stufenzahl	Klasse I	Spiele mit Skataufnahme
1	Spiel einfach	gewonnen oder verloren
2	Schneider	gewonnen oder verloren
3	Schwarz	gewonnen oder verloren

Stufen-zahl	**Klasse II**	**Spiele ohne Skat-aufnahme Handspiele –** (Sie haben gegenüber Spielen mit Skataufnahme die Gewinnstufe „Hand“ voraus)
2	Spiel einfach	gewonnen oder verloren
3	Schneider	gewonnen oder verloren
4	Schneider angesagt	gewonnen oder verloren
5	Schwarz	gewonnen oder verloren
6	Schwarz angesagt	gewonnen oder verloren
7	Offen	gewonnen oder verloren

5.2.2 Einfach gewonnen hat der Alleinspieler sein Spiel mit dem 61. Auge einschließlich der beiden Karten im Skat.

5.2.3 Schneider ist die Partei, die 30 oder weniger Augen erreicht hat.

5.2.4 Schwarz ist die Partei, die keinen Stich erhalten hat. Bei einem einzigen Stich ohne Augen ist sie Schneider.

5.2.5 Schneider angesagt und Schwarz angesagt wird nur dann berechnet, wenn der Alleinspieler bei einem Handspiel die betreffende Gewinnstufe tatsächlich angesagt hat. Erreicht er sie nicht, hat er das Spiel mindestens in der angesagten Gewinnstufe verloren. Gewinnt er in einer höheren Gewinnstufe als der angesagten, zählt die höhere. Verliert der Alleinspieler in der angesagten Gewinnstufe, wird ihm diese nicht doppelt berechnet werden (den so genannten Eigenschneider gibt es nicht).

5.2.6 Offen als Gewinnstufe kommt bei offenen Farb- und Grandspielen in Betracht. Der Alleinspieler darf hier keinen Stich abgeben. Diese Spiele gelten von vornherein als Schwarz angesagt. Ein Kreuz ouvert als mit zweien zählt demnach 9 x 12 = 108 Punkte; ein Grand ouvert mit vieren zählt 11 x 24 = 264 Punkte.

5.2.7 Ein Nullspiel ist für den Alleinspieler gewonnen, wenn er keinen Stich macht.

5.2.8 Im Zweifelsfall muss der Alleinspieler das Erreichen der Gewinnstufe Schneider und Schwarz, die Gegenpartei dem Alleinspieler den Spielverlust nachweisen.

5.3 Spielwerte

5.3.1 Die Spielwerte der Einzelspiele werden in Wertpunkten (Punkten) ausgedrückt. Sie richten sich außer bei den Nullspielen mit ihren beständigen Spielwerten nach Klasse, Gattung und Grundwert des Spiels, ferner nach Gewinnstufen und Anzahl der beim Alleinspieler vorhandenen oder fehlenden Spitzen.

5.3.2 Spitzen und Gewinnstufen werden addiert und ergeben die Summe der Fälle. In den beiden Spielklassen gibt es dafür folgende Möglichkeiten:

	Klasse I – Spiele mit Skataufnahme	**Klasse II –** Handspiele
Spitzen + Gewinnstufen	1–11 1–3	1–11 2–7
= Summe der Fälle	2–14	3–18

Die jeweilige Summe der Fälle wird dann mit dem zutreffenden Grundwert des angesagten Spieles multipliziert und ergibt so den konkreten Spielwert.

5.3.3 Farb- und Grandspiele mit Spitzen haben bei gleicher Gewinnstufe denselben Wert wie Spiele ohne die gleiche Spitzenzahl.

5.3.4 Jedes verlorene Spiel muss mit doppelter Punktzahl in die Spielliste eingetragen bzw. zum doppelten Wert bezahlt werden.

5.4 Überreiztes Spiel

5.4.1 Bei einem überreizten Spiel mit Skataufnahme muss das Vielfache des Grundwertes des angesagten Spiels berechnet werden, damit der Reizwert mindestens erreicht wird. In die Spielliste ist neben dem Grundwert und den Spitzen „überreizt“ einzutragen, wenn ein Spielwert nicht möglich ist. Beispiele: Reizwert 50 – Kreuz-Bube im Skat. Spielansage: Herz. Eintragung: Herz mit 1 „überreizt“ = –100 Punkte. Reizwert 59 – Pik-Bube im Skat. Spielansage: Kreuz oder Herz. Eintragung: Kreuz oder Herz ohne 1 „überreizt“ = –120 Punkte.

5.4.2 Erreicht ein Handspiel den gebotenen oder gehaltenen Reizwert nicht, weil ein Spitzentrumpf im Skat lag, hat sich der Alleinspieler überreizt und somit das Spiel auch dann verloren, wenn von ihm mehr als 60 Augen eingebracht worden sind. Es ist das Vielfache des Grundwertes des angesagten Spiels zu berechnen, dass der Reizwert mindestens eingestellt wird. Beispiel: Herz-Handspiel ohne drei Spitzen nach einem Reizgebot von 36 – Kreuz-Bube im Skat. Das an sich gewonnene Spiel ist nicht mit 36, sondern mit 4 mal 10 verloren = 80 Minuspunkten zu berechnen, so als ob bis 40 gereizt worden wäre.

5.4.3 Ein überreiztes Spiel, bei dem das Erreichen einer erforderlichen höheren Gewinnstufe für den Alleinspieler vor dem ersten Stich auch theoretisch ausgeschlossen ist – zum Beispiel Schwarz im Handspiel ohne 1 Spitze –, kann nicht durch Regelverstoß der Gegenpartei gewonnen werden.

5.5 Spielliste

5.5.1 Jedes Spiel ist unmittelbar nach seiner Beendigung als Gewinn oder Verlust für den Alleinspieler in die Spielliste einzutragen. Dabei sind die Spielwerte stets zum jeweiligen Stand zu addieren oder davon zu subtrahieren. Die fortlaufende Aufrechnung ermöglicht, dass jederzeit der aktuelle Stand des Leistungsvergleichs untereinander abzulesen ist.

5.5.2 Bei Skatturnieren muss das Einzelspiel auch unter Angabe des Grundwertes, der Spitzen und Gewinnstufen, bzw. des beständigen Spielwertes für Nullspiele in die Spielliste eingetragen werden.

5.5.3 Die Korrektur fehlerhafter Eintragungen darf nur im Einverständnis der beteiligten Mitspieler bis zum Ende der laufenden Serie vorgenommen werden.

5.5.4 Der Einsatz ist vorher zu vereinbaren. Er beträgt 0 bis maximal 1 Cent je Wertungspunkt. Bruchteile werden nach oben aufgerundet. Bei Bargeldskat wird der Betrag für ein verlorenes Spiel erst nach dem Aufrunden verdoppelt.

5.5.5 Nach Beendigung der letzten Runde sind Gewinn und Verlust durch Vergleichsrechnung zu ermitteln. Am besten eignet sich dafür das Quersummenverfahren. Es ist je nach Ausgangssituation anzuwenden:

Variante 1

Sie ist anzuwenden, wenn in der Endzahlsumme aller Mitspieler die Pluspunkte überwiegen.

Mitspieler	**A**	**B**	**C**	**D**
Endzahlen der Spielliste	+ 196	+ 33	– 12	+ 85
Endzahlsumme (Pluspunkte abzüglich Minuswerte)	– 302	– 302	– 302	– 302
Gewinn bzw. Verlust bei Spieleinsatz 1 Cent	+ 482	– 170	– 350	+ 38
(Die 302 Punkte als Endzahlsumme sind gewissermaßen Schulden, die jeder Einzelne an die anderen hat. Sie müssen folglich abgezogen werden.)				

Variante 2

Sie ist anzuwenden, wenn in der Endzahlsumme aller Mitspieler die Minuspunkte überwiegen.

Mitspieler	A	B	C	D
Endzahlen der Spielliste vierfache Endzahlen (bei vier Teilnehmern)	+ 44 + 176	+ 33 + 132	– 420 – 1680	+ 130 + 520
Endzahlsumme (Minuswerte abzüglich Pluspunkte)	+ 213	+ 213	+ 213	+ 213
Gewinn bzw. Verlust bei Spieleinsatz 1 Cent	+ 389	+ 345	– 1467	+ 733
(Die 213 Punkte als Endzahlsumme sind nicht Schulden, sondern Forderungen, weshalb man sie jedem Mitspieler gutschreiben muss.)				

Variante 3

Man kann die Endzahlen auch direkt gegeneinander aufrechnen. Dabei stehen die Differenz jeweils für den einen als Plus und zugleich für den anderen als Minus. Gewinn und Verlust ergeben sich dann aus der Addition der Vergleichswerte.

Mitspieler	A	B	C	D
Endzahlen der Spielliste	+ 120	– 75	+ 200	– 40
Vergleiche AB, AC, AD, BC, BD, CD	+ 195 – 80 + 160	– 195 – 275 – 35	+ 80 275 + 240	
	– 160	+ 35	– 240	
Gewinn bzw. Verlust bei Spieleinsatz 1 Cent	+ 275	– 505	+ 595	– 365

5.6 Spielabrechnung

(siehe 5.3.1)

Spiele	Grundwert	Fälle (Spitzen + Gewinnstufen)																
		2	3	4	5	6	7	8	9	10	11	12	13	14	15	16	17	18
		Spielwerte																
Karo	9	18	27	36	45	54	63	72	81	90	99	108	117	126	135	144	153	162
Herz	10	20	30	40	50	60	70	80	90	100	110	120	130	140	150	160	170	180
Pik	11	22	33	44	55	66	77	88	99	110	121	132	143	154	165	176	187	198
Nul		23																
Null Hand			35															
Null ouvert				46														
Null ouvert Hand					59													
Kreuz	12	24	36	48	60	72	84	96	108	120	132	144	156	168	180	192	204	216
Grand	24	48	72	96	120	144	168	192	216	240	264							